WALKING GUIDE
ROMA

WALKING GUIDE
ROMA
ITINERARIOS A PIE

Katie Parla

NATIONAL GEOGRAPHIC

WALKING GUIDE
ROMA

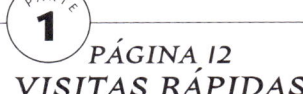

SUMARIO

PARTE
1
PÁGINA 12
VISITAS RÁPIDAS

PARTE
2
PÁGINA 36
LOS BARRIOS
DE ROMA

PARTE
3
PÁGINA 174
CONSEJOS DE VIAJE

**Página anterior:
Piazza Navona.
Izquierda: Fuente
de Neptuno, en
Piazza Navona.
Derecha: Templo
de Cástor y
Pólux. Arriba a la
derecha:
Escalinata de
Trinità dei Monti.
Abajo a la
derecha: Algunos
sabores de
helado.**

Introducción

Conocí Roma de adulto. Había visitado muchas veces otras grandes ciudades italianas como Florencia y Venecia. No sé por qué, pero Roma no estaba entre mis destinos.

Roma nos desafía a renunciar a los excesos extravagantes de la era moderna (videojuegos, indicaciones del GPS, teléfonos móviles) para hacer un viaje en el tiempo que nos recuerde lo sorprendentemente creativos que eran las personas antes de la llegada de la electricidad y lo extraordinarios que eran los artistas, arquitectos e ingenieros romanos. Un sábado húmedo y cubierto de nubes, caminé por las calles de Roma con un experto en arte. Me llevó a pequeños museos, jardines privados, parques escondidos y frente a la milenaria fachada de piedra del Coliseo, me describió los enfrentamientos entre gladiadores que tenían lugar allí ante 60 000 espectadores.

El maestro del Renacimiento Sandro Botticelli pintó frescos en las paredes de la Capilla Sixtina con escenas del profeta Moisés, del Antiguo Testamento.

En realidad, Roma se compone de dos ciudades. La primera es la gran locomotora del mundo civilizado, con 2775 años de antigüedad y bastión de los belicosos césares. Esta es la Roma que me mostró mi compañero. Y también, escondida en su corazón urbano, la Ciudad del Vaticano, el estado más pequeño del mundo. Aquí me acompañó por todos los museos, repletos de obras de arte excepcionales, desde las obras maestras de Rafael y Botticelli hasta las de Rodin y Dalí y pude admirar la Capilla Sixtina con los famosos frescos de Miguel Ángel. Sin mi guía, me habría perdido mucho. Él me inspiró, me iluminó y me indicó la dirección correcta. Este libro hará lo mismo por ti.

Keith Bellows

Director de la revista National Geographic Traveler

Visitar Roma

Con un trazado irregular reflejo de una historia larga y cambiante, con sus 5 millones de visitantes al año y con las calles repletas de coches y motos, Roma ofrece a los viajeros una apariencia ruidosa y caótica, pero también dispone de rincones tranquilos que recompensarán a los intrépidos.

Roma en pocas palabras

Roma surgió al pie de varias colinas en el siglo VI a. C. aproximadamente (aunque la leyenda data en el 753 a. C.). Este territorio fue el corazón de la ciudad hasta la Edad Media, cuando la vida se trasladó a la llanura aluvial del norte. Hoy en día, ambas zonas están cubiertas por edificios residenciales, iglesias, calles comerciales y sitios culturales. Al otro lado del Tíber se extiende el Trastevere, el Vaticano y grandes zonas residenciales.

Cómo orientarse

La compleja estructura de la ciudad combinada con una cartografía, a menudo, inadecuada puede dificultar moverse por Roma. Los nombres de

Roma día a día

Abierto todos los días: Foro Romano, Coliseo y Palatino.

Lunes La mayoría de los sitios públicos están cerrados. Los Museos Vaticanos y lugares de gestión privada, incluidos las Casas Romanas de Celio, Basílica de San Clemente y Villa Farnesina (solo por la mañana), están abiertos.

Martes Todos los sitios están abiertos, excepto las Casas Romanas de Celio.

Miércoles Todos los sitios están abiertos; la Iglesia San Luis de los Franceses cierra el primer miércoles de cada mes por la mañana.

Jueves Todos los sitios están abiertos, excepto las Casas Romanas de Celio.

Viernes Todos los sitios están abiertos; el Museo Judío cierra a las 14:00 h en *sabbat*.

Sábado El Museo Judío y otros lugares judíos del Ghetto están cerrados en *sabbat*. Todos los demás sitios están abiertos.

Domingo Casi todos los museos y sitios están abiertos, excepto los Museos Vaticanos (el último domingo del mes hasta las 12:30 h) y Villa Farnesina, y la Basílica de San Clemente abre a las 12:00 h.

Cenar al aire libre en un encantador rincón de Roma, después de un día agotador explorando la ciudad, es uno de los muchos placeres que la capital ofrece a sus visitantes.

las calles cambian de una manzana a otra, las calles se curvan y los indicadores suelen ser escasos. Pero perderse es parte de la diversión y quedarse solo en las calles principales significa no disfrutar de toda la belleza de la ciudad. Para moverte de manera precisa, compra el *Stradario,* un libro espiral a la venta en los quioscos donde encontrarás mapas de la ciudad y del transporte público con paradas de metro indicadas. Cuando visites el Trastevere o Campo Marzio, no te fíes del Tíber para orientarte.

La mayor parte del centro de Roma está en la orilla izquierda; el Trastevere y el Vaticano están en la derecha. El río da vueltas y vueltas y no es un buen punto de referencia.

Roma a buen precio

Las entradas en Roma suelen ser caras, especialmente para las exposiciones puntuales. Puedes comprar el Roma Pass de 72 horas *(www.romapass.it)* para acceder gratis a dos sitios, obtener descuentos y un pase de 3 días en transporte público. Otras iniciativas durante el año permiten visitar algunos museos y lugares arqueológicos de forma gratuita, por ejemplo, los museos el domingo.

Cómo utilizar la guía

Cada itinerario, ya sea a pie o incluyendo transporte público, está indicado en un mapa y se ha planificado teniendo en cuenta los horarios de apertura y los momentos en que están menos concurridos. Muchas rutas terminan cerca de restaurantes, teatros o zonas de animada vida nocturna.

Visitas rápidas

Ideales para aquellos que solo disponen de un día o un fin de semana y quieren ver lo mejor. Elige el itinerario según el clima y tus intereses: Roma en un día; Roma en un fin de semana (día 1 y día 2); Divertirse en Roma; Roma en un fin de semana con niños (día 1 y día 2).

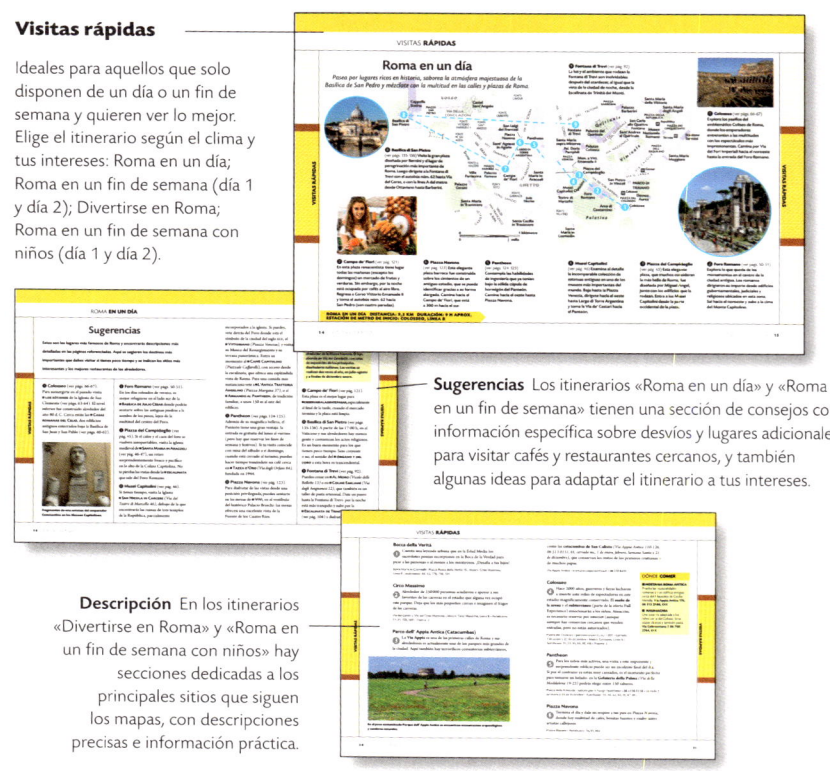

Sugerencias Los itinerarios «Roma en un día» y «Roma en un fin de semana» tienen una sección de consejos con información específica sobre desvíos y lugares adicionales para visitar cafés y restaurantes cercanos, y también algunas ideas para adaptar el itinerario a tus intereses.

Descripción En los itinerarios «Divertirse en Roma» y «Roma en un fin de semana con niños» hay secciones dedicadas a los principales sitios que siguen los mapas, con descripciones precisas e información práctica.

Visita a los barrios

Los nueve capítulos sobre los barrios de Roma comienzan con una introducción, seguida de un plano con un itinerario que indica las etapas y describe con detalle los distintos sitios. A cada itinerario le sigue un apartado «En detalle» dedicado a un lugar importante de la ruta, otro de «Así es Roma» que ofrece información básica sobre un elemento típico de ese barrio, y otro con «Lo mejor» que agrupa los sitios por temas.

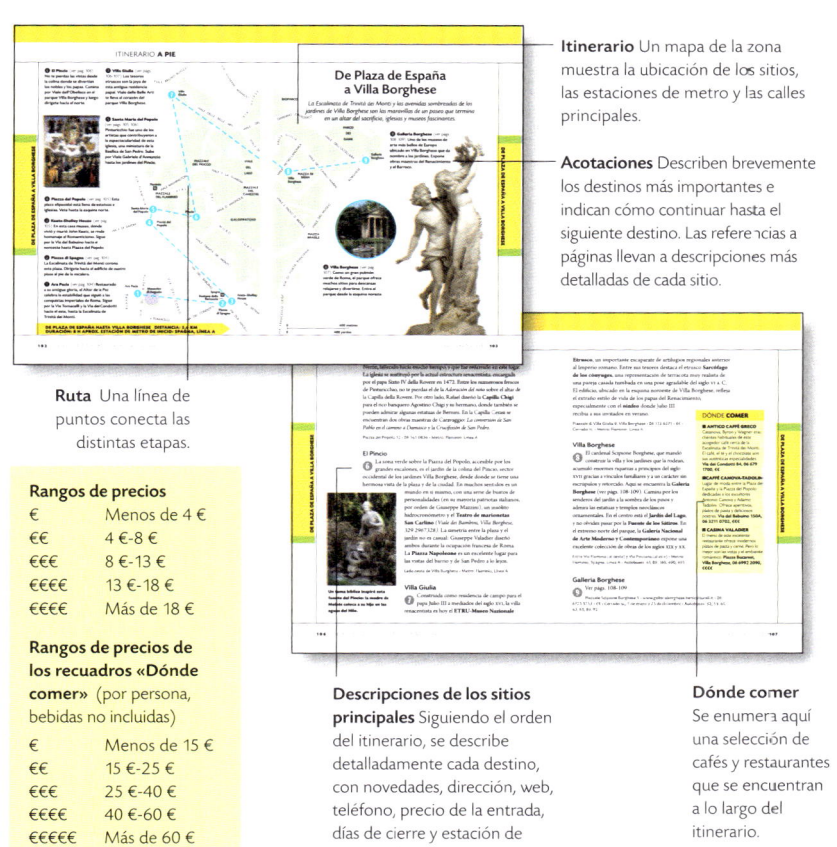

Itinerario Un mapa de la zona muestra la ubicación de los sitios, las estaciones de metro y las calles principales.

Acotaciones Describen brevemente los destinos más importantes e indican cómo continuar hasta el siguiente destino. Las referencias a páginas llevan a descripciones más detalladas de cada sitio.

Ruta Una línea de puntos conecta las distintas etapas.

Rangos de precios

€	Menos de 4 €
€€	4 €-8 €
€€€	8 €-13 €
€€€€	13 €-18 €
€€€€€	Más de 18 €

Rangos de precios de los recuadros «Dónde comer» (por persona, bebidas no incluidas)

€	Menos de 15 €
€€	15 €-25 €
€€€	25 €-40 €
€€€€	40 €-60 €
€€€€€	Más de 60 €

Descripciones de los sitios principales Siguiendo el orden del itinerario, se describe detalladamente cada destino, con novedades, dirección, web, teléfono, precio de la entrada, días de cierre y estación de metro más cercana.

Dónde comer Se enumera aquí una selección de cafés y restaurantes que se encuentran a lo largo del itinerario.

PARTE UNO

Visitas rápidas

Roma en un día

Pasea por lugares ricos en historia, saborea la atmósfera majestuosa de la Basílica de San Pedro y mézclate con la multitud en las calles y plazas de Roma.

8 Basilica di San Pietro

(ver págs. 135-136) **Visita la gran plaza diseñada por Bernini y el lugar de peregrinación más importante de Roma. Luego dirígete a la Fontana di Trevi con el autobús núm. 62 hasta Via del Corso, o con la línea A del metro desde Ottaviano hasta Barberini.**

7 Campo de' Fiori (ver pág. 121)

En esta plaza renacentista tiene lugar todas las mañanas (excepto los domingos) un mercado de frutas y verduras. Sin embargo, por la noche está ocupada por cafés al aire libre. Regresa a Corso Vittorio Emanuele II y toma el autobús núm. 62 hacia San Pedro (son cuatro paradas).

6 Piazza Navona

(ver pág. 123) **Esta elegante plaza barroca fue construida sobre los cimientos de un antiguo estadio, que se puede identificar gracias a su forma alargada. Camina hacia el Campo de' Fiori, que está a 300 m hacia el sur.**

5 Pantheon

(ver págs. 124-125) **Contempla las habilidades de ingeniería que ya tenían bajo la sólida cúpula de hormigón del Panteón. Camina hacia el oeste hasta Piazza Navona.**

ROMA EN UN DÍA   DISTANCIA: 9,3 KM   DURACIÓN: 9 H APROX. ESTACIÓN DE METRO DE INICIO: COLOSSEO, LÍNEA B

9 Fontana di Trevi (ver pág. 92)
La luz y el ambiente que rodean la Fontana di Trevi son inolvidables después del atardecer, al igual que la vista de la ciudad de noche, desde la Escalinata de Trinità dei Monti.

1 Colosseo (ver págs. 66-67)
Explora los pasillos del emblemático Coliseo de Roma, donde los emperadores entretenían a las multitudes con los espectáculos más impresionantes. Camina por Via dei Fori Imperiali hacia el noroeste hasta la entrada del Foro Romano.

Mapa

PIAZZA BARBERINI
VIA DEL TRITONE
Santa Maria della Vittoria
Palazzo Barberini
Santa Maria degli Angeli
PIAZZA DELLA REPUBBLICA
Quirinale
San Carlo alle Quattro Fontane
Repubblica M
PIAZZA DEI CINQUECENTO
VIA DEL QUIRINALE
9 Fontana di Trevi
Palazzo del Quirinale
Sant'Andrea al Quirinale
Museo Nazionale Romano
Termini M
Stazione Termini
nta Maria pra Minerva
Pal. Doria Pamphili
Palazzo Colonna
VIA NAZIONALE
Viminale
PIAZZA DELL' ESQUILINO
PIAZZA VENEZIA
Mon. a Vitt. Emanuele II
VIA CAVOUR
Santa Maria Maggiore
Piazza del Campidoglio
Cavour M
VIA G. LANZA
3
4
San Pietro in Vincoli
PARCO DI TRAIANO
Musei apitolini
Campidoglio
VIA DEI FORI IMPERIALI
Colosseo M
eatro di arcello
2
Foro Romano
PIAZZA DEL COLOSSEO
Domus Aurea
NTE ATINO
Arco di Costantino
1 Colosseo
Palatino
Santa Maria in osmedin

4 Musei Capitolini
(ver pág. 46) **Examina al detalle** la incomparable colección de estatuas antiguas en uno de los museos más importantes del mundo. Baja hasta la Piazza Venezia, dirígete hacia el oeste hasta Largo di Torre Argentina y toma la Via de' Cestari hacia el Panteón.

3 Piazza del Campidoglio
(ver pág. 45) **Esta elegante** plaza, que muchos consideran la más bella de Roma, fue diseñada por Miguel Ángel, junto con los edificios que la rodean. Entra a los Musei Capitolini desde la parte occidental de la plaza.

2 Foro Romano (ver págs. 50-51)
Explora lo que queda de los monumentos en el centro de la ciudad antigua. Los romanos dirigieron su imperio desde edificios gubernamentales, judiciales y religiosos ubicados en esta zona. Sal hacia el noroeste y sube a la cima del Monte Capitolino.

Sugerencias

Estos son los lugares más famosos de Roma y encontrarás descripciones más detalladas en las páginas referenciadas. Aquí se sugieren los destinos más importantes que debes visitar si tienes poco tiempo y se indican los sitios más interesantes y los mejores restaurantes de los alrededores.

VISITAS RÁPIDAS

❶ **Colosseo** (ver págs. 66-67). Para sumergirte en el pasado visita ▪ **LOS SÓTANOS** de la Iglesia de San Clemente (ver págs. 63-64). El nivel inferior fue construido alrededor del año 80 d. C. Cerca están las ▪ **CASAS ROMANAS DEL CELIO**, dos edificios antiguos enterrados bajo la Basílica de San Juan y San Pablo (ver págs. 60-62).

Fragmentos de una estatua del emperador Constantino en los Museos Capitolinos.

❷ **Foro Romano** (ver págs. 50-51). En los días soleados de verano, es mejor refugiarse en el lado sur de la ▪ **BASÍLICA DE JULIO CÉSAR** donde podrás sentarte sobre las antiguas piedras a la sombra de los pinos, lejos de la multitud del centro del Foro.

❸ **Piazza del Campidoglio** (ver pág. 45). Si el calor y el caos del foro se vuelven insoportables, visita la iglesia medieval de ▪ **SANTA MARIA IN ARACOELI** (ver pág. 46-47), un retiro sorprendentemente fresco y pacífico en lo alto de la Colina Capitolina. No te pierdas las vistas desde la ▪ **ESCALINATA** que sale del Foro Romano.

❹ **Musei Capitolini** (ver pág. 46). Si tienes tiempo, visita la Iglesia ▪ **SAN NICOLA IN CARCERE** (*Via del Teatro di Marcello 46*), debajo de la que encontrarás las ruinas de tres templos de la República, parcialmente incorporados a la iglesia. Si puedes, vete detrás del Foro donde está el símbolo de la ciudad del siglo XIX, el ■ **VITTORIANO** *(Piazza Venezia)*, y visita su Museo del Resurgimiento y su terraza panorámica. Entra un momento al ■ **CAFFÈ CAPITOLINO** *(Piazzale Caffarelli)*, con acceso desde la escalinata, que ofrece una espléndida vista de Roma. Para una comida más sustanciosa vete a ■ **L'ANTICA TRATTORIA ANGELINO** *(Piazza Margana 37)*, o al ■ **ARMANDO AL PANTHEON**, de tradición familiar, a unos 150 m al este del edificio.

❺ Pantheon (ver págs. 124-125). Además de su magnífica belleza, el Panteón tiene una gran ventaja: la entrada es gratuita del lunes al viernes (pero hay que reservar los fines de semana y festivos). Si tu visita coincide con misa del sábado o el domingo, cuando está cerrado al turismo, puedes hacer tiempo tomándote un café cerca en ■ **TAZZA D'ORO** *(Via degli Orfani 84)*, fundada en 1944.

❻ Piazza Navona (ver pág. 123). Para disfrutar de las vistas desde una posición privilegiada, puedes sentarte en las mesas de ■ **VIVI**, en el vestíbulo del histórico Palacio Braschi: las mesas ofrecen una excelente vista de la Fuente de los Cuatro Ríos.

❼ Campo de' Fiori (ver pág. 121). Esta plaza es el mejor lugar para ■ OBSERVAR A LA GENTE PASAR, especialmente al final de la tarde, cuando el mercado termina y la plaza está limpia.

❽ Basilica di San Pietro (ver págs. 135-136). A partir de las 17:00 h, en el Vaticano y sus alrededores hay menos gente y comienzan los actos religiosos. Es un buen momento para los que tienen poco tiempo. Seas creyente o no, el sonido del ■ **ÓRGANO Y DEL CORO** a esta hora es trascendental.

❾ Fontana di Trevi (ver pág. 92). Puedes cenar en ■ **AL MORO** *(Vicolo delle Bollette 13)* o en ■ **COLINE EMILIANE** *(Via degli Avignonesi 22)*, que también es un taller de pasta artesanal. Date un paseo hasta la Fontana di Trevi: por la noche está más tranquilo y sube por la ■ **ESCALINATA DE TRINITÀ DEI MONTI** (ver pág. 104) y disfruta de las vistas.

VISITAS RÁPIDAS

DÍA
1

Roma en un fin de semana

Visita uno de los museos más ricos de la ciudad, tres de sus lugares más simbólicos, algunas capillas renacentistas, las tiendas más exclusivas y dos animadas plazas.

❶ **Musei Vaticani** (ver págs. 138-141) Comienza temprano con una visita a los Museos Vaticanos, que albergan los frescos más famosos del mundo y la antigua escultura *Laocoonte y sus hijos*. Toma la línea A del metro en dirección Spagna.

VISITAS RÁPIDAS

❻ **Piazza Navona** (ver pág. 123) **Es la plaza más grande de Roma donde puedes descubrir las obras de artistas locales. Desde el extremo sur, cruza Corso Vittorio Emanuele II y sigue por la Via dei Baullari.**

❼ **Campo de' Fiori** (ver pág. 121) **Por la tarde, esta plaza renacentista se convierte en el destino favorito de estudiantes romanos y extranjeros.**

Map labels:
PIAZZA DEL POPOLO
PONTE REGINA MARGHERITA
VIA DI RIPETTA
PIAZZA DEL RISORGIMENTO
VIA COLA DI RIENZO
VIA CRESCENZIO
PIAZZA CAVOUR
Ara Pacis
PONTE CAVOUR
Mausoleo di Augusto
Musei Vaticani
BORGO
Castel Sant'Angelo
Cappella Sistina
VIA DELLA CONCILIAZIONE
PIAZZA SAN PIETRO
Basilica di San Pietro
PONTE UMBERTO
PONTE SANT' ANGELO
San Luigi dei Francesi
VIA D. SCROFA
Stazione Vaticana
PONTE VITTORIO EMANUELE II
Porta Cavalleggeri
PONTE PR. SAV. AOSTA
CORSO
PIAZZA NAVONA
Pantheon
GIANICOLO
Sant' Agnese in Agone
VITT. EMANUELE II
Santa Maria sopra Minerva
Il Gesù
Gianicolo
Tevere
VIA GIULIA
PONTE G. MAZZINI
PIAZZA FARNESE
Villa Farnesina
Palazzo Farnese
Campo de' Fiori
VIA ARENULA
Palazzo Corsini
PONTE SISTO
GHETTO
Teatro di Marcello
PONTE GARIBALDI
Isola Tiberina
LUNG. SANZIO
PONTE PALATINO

**ROMA EN UN FIN DE SEMANA DÍA 1   DISTANCIA: 5 KM   DURACIÓN: 7 H
ESTACIÓN DE METRO DE INICIO: OTTAVIANO, CIPRO, LÍNEA A**

❷ Piazza di Spagna
(ver pág. 104) **Admira la famosa escalera y pasea por las calles que la rodean, como Via dei Condotti, donde están las tiendas más lujosas** (ver pág. 98-99). **Toma la Via dei Due Macelli hasta Via del Tritone, gira a la derecha y luego a la izquierda a la Via Poli.**

❸ Fontana di Trevi
(ver pág. 92) **Contempla el exuberante conjunto de estatuas de la fuente, símbolo de la ciudad. Toma la Via delle Muratte hacia el oeste, cruza Via del Corso y continúa por Via di Pietra.**

❹ Pantheon (ver págs. 124-125) **Maravíllate ante las proezas de ingeniería de la antigua Roma y visita la tumba de Rafael, maestro del Renacimiento. Detrás del edificio se encuentra la Piazza della Minerva.**

Piazza Spagna
VIA DUE MACELLI
VIA DEL TRITONE
Santa Maria della Vittoria
Palazzo Barberini
Santa Maria degli Angeli
PIAZZA DELLA REPUBBLICA
Fontana di Trevi
Quirinale
San Carlo alle Quattro Fontane
Museo Nazionale Romano
Repubblica
PIAZZA DEI CINQUECENTO
Palazzo del Quirinale
VIA DEL QUIRINALE
Sant'Andrea al Quirinale
Termini
Stazione Termini
al. Doria Pamphili
Palazzo Colonna
VIA NAZIONALE
PIAZZA DELL'ESQUILINO
PIAZZA VENEZIA
Viminale
Santa Maria Maggiore
Mon. a Vitt. Emanuele II
VIA CAVOUR
Cavour
VIA G. LANZA
PIAZZA VITTORIO EMANUELE II
Fori Imperiali
VIA DEI FORI IMPERIALI
San Pietro in Vincoli
Vittorio Emanuele
Musei apitolini
Capitolino
PARCO DI TRAIANO
Esquilino
MERULANA
Colosseo
Foro Romano
Domus Aurea
VIA LABICANA
San Clemente

❺ Santa Maria sopra Minerva
(ver pág. 118) **Una sencilla fachada que esconde espléndidas capillas donde están las tumbas de la aristocracia romana y otros tesoros como los extraordinarios frescos de Filippino Lippi. Toma la Via di Santa Chiara hacia el histórico Caffè Sant'Eustachio y sigue la Via degli Staderari hacia Corso del Rinascimento.**

0   1 kilómetro
0   ½ milla

VISITAS RÁPIDAS

Roma en un fin de semana

Descubre el barrio judío, los antiguos lugares de ocio, dos espléndidas iglesias medievales y el centro de la Roma moderna.

9 Piazza Venezia (ver pág. 120)
Es el corazón de la ciudad moderna, puerta de entrada a sus ruinas y al centro barroco, dominado por un monumento de mármol blanco que celebra la unificación de Italia.

8 Piazza del Campidoglio (ver pág. 45)
La plaza de Miguel Ángel del siglo XVI da la espalda a la antigua Roma y mira hacia la nueva ciudad de los papas. Baja los escalones y sigue por la acera hacia la derecha hasta la concurrida Piazza Venezia.

1 El Ghetto (ver págs. 170-171) Las tortugas de Bernini adornan la fuente de la Piazza Mattei, una joya del Ghetto. Camina por el lugar arqueológico del Teatro di Marcello, luego hacia la Via del Teatro di Marcello y Via L. Petroselli.

2 Santa Maria in Cosmedin (ver pág. 166) Esta iglesia medieval alberga la Boca de la Verdad en el pronaos. Toma la Via della Greca, una manzana al sureste.

3 Circo Massimo (ver págs. 166-167) Es la estructura más grande de la antigua Roma donde celebraban carreras de carros para 250 000 espectadores. Sal por el extremo noreste y toma la Via delle Terme di Caracalla.

6 Colosseo (ver págs. 66-67) La comida y el ocio atrajeron a más de 50 000 espectadores al anfiteatro más grande de Roma. Toma la Via dei Fori Imperiali y gira a la izquierda en el segundo semáforo.

7 Foro Romano (ver págs. 50-51) Las ruinas clásicas se mezclan con las iglesias medievales en el centro antiguo de Roma. Sal hacia el noroeste y sube las escaleras hasta la cima.

VIA NAZIONALE

Viminale

VIA CAVOUR

Santa Maria Maggiore

San Pietro in Vincoli

🅼 Cavour

VIA G. LANZA

VIA

PIAZZA VITTORIO EMANUELE II

PARCO DI COLLE OPPIO

Esquilino

MERULANA

Vittorio Emanuele 🅼

🅼 Colosseo

PIAZZA DEL COLOSSEO

Domus Aurea

6 Colosseo

VIA

Arco di Costantino

5 San Clemente

LABICANA

VIA SAN GIOVANNI IN LATERANO

Manzoni 🅼

PIAZZA DI SAN GIOVANNI IN LATERANO

San Gregorio Magno

VIA CLAUDIA

VIA DELL'AMBA ARADAM

VILLA CELIMONTANA

Celio

VIA NAVICELLA

VIA DRUSO

Porta Metronia

VIA DELLE TERME DI CARACALLA

4 Terme di Caracalla

5 San Clemente (ver págs. 63-64) La historia urbana de Roma se revela en los dos niveles subterráneos excavados bajo una iglesia del siglo XII. Sigue por la Via di San Giovanni in Laterano oeste.

0 — 1 kilómetro
0 — ½ milla

4 Terme di Caracalla (ver págs. 167-168) Las ruinas de este complejo están ubicadas en un tranquilo parque arqueológico. Toma el tranvía 3 (o el autobús de sustitución) hasta la Via Labicana.

Sugerencias

Los monumentos más importantes de Roma pueden visitarse en dos días; en las páginas referenciadas se describen con más detalle. Aquí encontrarás información sobre qué ver en los alrededores, cafeterías y restaurantes y consejos para personalizar la visita según tu interés.

DÍA 1

❶ Musei Vaticani (ver págs. 138-141). Si logras ver a tiempo todo lo que deseas en los Museos Vaticanos, haz una visita rápida al ■ CASTILLO DE SANT'ANGELO (ver págs. 136-137) y visita los pisos superiores. Esta antigua fortaleza papal convertida en palacio está llena de frescos renacentistas encargados por varios papas y seguro que encontrarás menos gente.

El elefante de Bernini en Piazza della Minerva.

❺ Santa Maria sopra Minerva (ver pág. 118). Párate en la plaza frente a la iglesia para observar la obra de Bernini que representa un ■ PEQUEÑO ELEFANTE bajo un obelisco (ver págs. 84-85). Las calles alrededor de la iglesia, especialmente la Via Santa Caterina da Siena y Via dei Cestari, son famosas por las tiendas que venden vestimentas sagradas. En el escaparate se exponen túnicas ricamente bordadas, espléndidos ejemplos de cálices y objetos litúrgicos.

❼ Campo de' Fiori (ver pág. 121). Prueba uno de los mejores restaurantes de Roma: ■ IL SAN LORENZO *(Via dei Chiavari 4/5)*, que sirve excelentes platos de mariscos en un ambiente sofisticado; o el más informal: ■ TAVERNA LUCIFERO *(Via del Monte della Farina 43)*, que ofrece *fondue* y platos a base de trufa.

DÍA 2

❶ El Ghetto (ver págs. 170-171). Mientras paseas por la ciudad, busca el pequeño escaparate sin letrero de la antigua panadería ■ **Boccione** *(Via Portico d'Ottavia 1, cerrado sá.)* donde puedes degustar el famoso pastel tradicional con ricota y guindas (también en rebanadas para llevar). Este postre, como el resto de postres tradicionales judíos que se sirven en la panadería, se prepara según las recetas familiares del propietario.

❷ Santa Maria in Cosmedin (ver pág. 166). La Boca de la Verdad es el verdadero punto de interés, pero también puedes contemplar los ■ **FRESCOS Y MOSAICOS MEDIEVALES**. Esta maravilla ofrece, entre otras cosas, un lugar para resguardarse del calor en verano.

❸ Circo Massimo (ver págs. 166-167). Esta amplia zona es popular entre la gente que sale a correr o pasear a su perro y es un lugar excelente para hacer un ■ **PÍCNIC**. Cómprate algunas delicias y dulces, o un helado si hace mucho calor, en ■ **Cristalli di Zucchero** *(Via di San Teodoro 88)*, en el extremo norte del Circo Máximo. O sigue por la Via San Gregorio hasta la Iglesia de ■ **San Giorgio in Velabro** *(Via del*

Velabro 19), cuyo campanario medieval está sobre un arco del siglo III.

❺ San Clemente (ver págs. 63-64). La pequeña ■ **GUÍA** que se vende en la entrada es una inversión que merece la pena y te ayudará durante tu visita al complejo, la iglesia y el metro *(lu. a sá. de 10:00-12:30 h y de 15:00-17:30 h, do. de 12:00-17:30 h).* Los actos religiosos se ofician los domingos por la mañana y está cerrado a los visitantes hasta las 12:00 h.

❾ Piazza Venezia (ver pág. 120). Entra al ■ **Palacio Venezia**, el primer palacio renacentista de Roma, construido por el papa Pablo II, con numerosas rutas también diseñadas para los niños. Continúa hacia el este después de la Columna de Trajano hasta ■ **Al Vino Al Vino** *(Via dei Serpenti 19)*, donde podrás sentarte en el jardín interior, si el clima lo permite. O vete al ■ **Caffè Doria** *(Via della Gatta 1A)* para tomar un aperitivo o un postre sabroso.

VISITAS RÁPIDAS

Divertirse en Roma

*No te pierdas el arte, las hermosas tiendas y las encantadoras vistas,
y dirígete a uno de los lugares nocturnos más famosos.*

❸ Chiostro del Bramante
(ver pág. 26) **Haz cola para ver
una exposición de arte en el
maravilloso pórtico renacentista
del claustro. Ve hacia el este y cruza
la Via di Santa Maria dell'Anima.**

❹ Piazza Navona (ver págs. 26, 123)
**Pasea por la plaza barroca y sus
refrescantes fuentes. Desde el lado
este, cruza la Piazza Sant'Eustachio,
gira a la izquierda y luego a la derecha
en Piazza della Rotonda.**

❷ Via del Governo Vecchio (ver págs. 26, 99)
**Compórtate como todo un profesional de las
compras en tiendas exclusivas y vintage en esta
calle tan querida por los romanos. Los objetos
raros serán recuerdos inusuales y de gran estilo.
Toma la Via di Parione hacia el Arco della Pace.**

❶ Campo de' Fiori (ver págs. 26, 121)
**Comienza tu día con un capuchino y una pasta
dulce. Después, deleita tus sentidos en el
mercado de frutas y verduras. Desde el
extremo norte de la plaza, sigue por la Via del
Pellegrino y gira a la derecha por Vicolo
Savelli.**

VILLA BORGHESE

Pincio

VIALE DEL MURO TORTO

Porta Pinciana

VIA VITT. VENETO

Ⓜ Spagna

Scalinata della Trinità dei Monti

VIA CONDOTTI

VIA SISTINA

VIA DUE MACELLI

Santa Maria della Concezione

Ⓜ Barberini

PIAZZA BARBERINI

Shopping di lusso

VIA DEL TRITONE

Palazzo Barberini

Quirinale

VIA DEL CORSO

Fontana di Trevi

Palazzo del Quirinale

VIA DEL QUIRINALE

anta Maria opra Minerva

Pal. Doria Pamphili

Il esù

PIAZZA VENEZIA

on. a Vitt. manuele II

anta Maria in Aracoeli

Musei Capitolini

Teatro di Marcello

MONTE PALATINO

Santa Maria in Cosmedin

🔟 Trastevere (ver págs. 27, 146-152) **El autobús sigue el Tíber antes de desembarcar en la Piazza Trilussa, la puerta de entrada a Trastevere. Pasea por el animado barrio antes de elegir dónde cenar.**

8 Un paseo hasta el Pincio (ver págs. 27, 102-103) **En la Piazza Trinità dei Monti, disfruta de la vista completa de la ciudad desde la iglesia. Pasea por los jardines de Villa Borghese mientras te diriges hacia el noroeste para disfrutar de unas vistas aún más espectaculares. Desciende desde la terraza del Pincio.**

7 Compras de lujo (ver págs. 27, 98-99) **Explora la Piazza San Lorenzo in Lucina antes de dirigirte a las tiendas de Via dei Condotti. En el extremo norte, sube la Escalinata de Trinità dei Monti.**

9 Ara Pacis (ver págs. 27, 104) **Sumérgete en la belleza de la Piazza del Popolo, luego ve hacia el sur por la Via di Ripetta hasta Ara Pacis, un monumento en honor al emperador Augusto. Cruza el río en Ponte Cavour y toma el autobús núm. 280 de la Piazza Cavour hacia el Trastevere.**

6 Via di Campo Marzio (ver pág. 27) **Explora las tiendas de esta calle, son únicas en su tipo. Camina hacia el norte y llegarás a las zonas comerciales más exclusivas.**

5 Pantheon (ver págs. 26, 124-125) **Admira este maravilloso ejemplo de la antigua arquitectura romana de 2000 años. Dirígete hacia el norte por la Via della Maddalena hasta Santa Maria in Campo Marzio.**

Campo de' Fiori

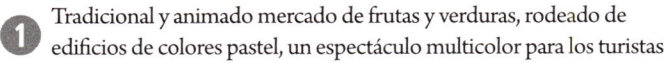

1 Tradicional y animado mercado de frutas y verduras, rodeado de edificios de colores pastel, un espectáculo multicolor para los turistas.

Piazza Campo de' Fiori • Mercado de 08:00-14:00 h, cerrado do. • Autobuses: 40, 46, 62, 64, 190, 280, 916

DÓNDE **COMER**

■ IL MARCHESE
Entra en esta taberna cerca del Ara Pacis para tomar un aperitivo. **Via di Ripetta 162, 06 9021 8872**

■ TABA CAFÈ
Aquí puedes tomar, desde un abundante desayuno hasta un cóctel por la noche. **Campo de' Fiori 13/14, 06 6813 5590**

■ TAVERNA TRILUSSA
Restaurante familiar en Trastevere que sirve platos típicos romanos. **Via de Politeama 23/25, 06 581 8918**

Via del Governo Vecchio

2 Recomendación: **Cinzia** *(núm. 45)* para ropa de segunda mano y **Omero & Cecilia** *(núm. 110)* para artículos de los años 70.

Via del Governo Vecchio • Autobuses: 62, 64

Chiostro del Bramante

3 El claustro renacentista de Bramante, con su elegante columna, invita al análisis. No te pierdas el fresco *Las Sibilas*, obra de Rafael, en la arcada superior, mientras que las salas que antiguamente ocupaban los monjes ahora albergan exposiciones de arte.

Arco della Pace 5 • 06 6880 9035 • Autobuses: 46, 64, 492

Piazza Navona

4 Esta espléndida plaza es la máxima expresión del estilo barroco. En diciembre, no te pierdas el mercado navideño.

Piazza Navona • Autobuses: 70, 81, 492

Pantheon

5 Infalible. Parece que la temperatura es la misma durante todo el año, una auténtica bendición para los abrasadores días de verano. Si quieres ir en fin de semana o festivos es necesario reservar visita en la web oficial del monumento.

Piazza Rotonda • cultura.gov.it/luogo/pantheon • 06 6830 0230 • Cerrado 1 de enero y 25 de diciembre • Autobuses: C3, 30, 40, 46, 62, 64, 70, 81, 87, 492, 628, 916 • Tranvía: 8

Via di Campo Marzio

6 El Campo Marzio, antiguamente reservado a los ejercicios militares romanos, está hoy repleto de tiendas, como **Davide Cenci** *(núm. 1)*, moda masculina, o la **Tienda Oficial Campo Marzio** *(núm. 41)*, con complementos y papelería de lujo.

Via di Campo Marzio • Autobuses: 53, 61, 71, 80, 85, 160

Compras de lujo

7 Busca en la Via dei Condotti marcas más exclusivas, como **Bottega Veneta** *(núm. 59)* y **Battistoni** *(núm. 60-61A)*, de ropa, camisas y accesorios para hombres y mujeres.

Via dei Condotti • Metro: Spagna, Línea A • Autobuses: 100, 119

Un paseo hasta el Pincio

8 Desde Trinità dei Monti bordea los jardines de Villa Borghese para llegar al Pincio. Podrás disfrutar de la sombra de los pinos y unas vistas panorámicas desde una terraza rodeada de bustos y estatuas.

Parte occidental de Villa Borghese • Metro: Flaminio, Línea A

Ara Pacis

9 El Altar de la Paz es uno de los monumentos más antiguos de Roma y está decorado con esculturas que representan a la familia del emperador Augusto.

Lungotevere in Augusta • www.arapacis.it/es/ • 06 06 08 • €€ • Cerrado 1 de enero, 1 de mayo y 25 de diciembre • Metro: Spagna, Flaminio, Línea A

Trastevere

10 Después de cenar (ver pág. 158), vete a **Ombre Rosse** *(Via Garibaldi 27/G)* para tomar algo y escuchar música en vivo.

Entre Lungotevere R. Sanzio, Via Garibaldi y Viale di Trastevere • Autobús: 280

Trinità dei Monti y su escalinata son el punto de partida de un hermoso paseo hasta el Pincio.

DÍA
1

Roma en un fin de semana con niños

Diseñado en torno al tema de la Roma antigua, este itinerario se concentra en la parte sur del centro histórico.

BORGO

PIAZZA CAVOUR

PONTE CAVOUR

Castel Sant'Angelo

VIA DELLA CONCILIAZIONE

PONTE SANT' ANGELO

PONTE UMBERTO

VIA D. SCROFA

PONTE VITTORIO EMANUELE II

CORSO VITT. EMANUELE II

San Luigi dei Francesi

Sant' Agnese in Agone

6 Piazza Navona Panth

LARGO TORR ARGENT

VIA GIULIA

PONTE G. MAZZINI

PIAZZA FARNESE

PIAZZA / CAMPO DE' FIORI

Villa Farnesina

Palazzo Farnese

VIA ARENULA

Palazzo Corsini

PONTE SISTO

GHETTO

G i a n i c o l o

Tevere PONTE GARIBALDI *Isola Tiberina*

LUNG. SANZIO

Santa Maria in Trastevere

Santa Cecil in Trasteve

6 **Piazza Navona** (ver págs. 31, 123) La plaza más alegre de Roma está repleta de fuentes, cafés al aire libre y los mejores artistas callejeros: un gran lugar para relajarse al final del día.

1 **Bocca della Verità** (ver págs. 30, 166) **La amenazadora Boca de la Verdad habla a los niños (y a sus padres) desde la Edad Media. Enfrente de la iglesia, gira a la izquierda en la Via della Greca y camina una manzana.**

ROMA CON NIÑOS DÍA 1   DISTANCIA: 11,3 KM   DURACIÓN: 6 H ESTACIÓN DE METRO DE INICIO: CIRCO MASSIMO, LÍNEA B

5 Pantheon (ver págs. 31, 124-125) **Si los más pequeños aún quieren descubrir monumentos, el interior del Panteón es ideal. De lo contrario, en los alrededores hay muchas heladerías deliciosas donde tomar un un helado mientras caminas hacia la Piazza Navona.**

PIAZZA BARBERINI
Palazzo Barberini
VIA DUE MACELLI
VIA DEL TRITONE
PIAZZA DELLA REPUBBLICA
Republica Ⓜ
VIA DEL CORSO
Fontana di Trevi
San Carlo alle Quattro Fontane
Quirinale
Palazzo del Quirinale
VIA DEL QUIRINALE
Sant'Andrea al Quirinale
Museo Nazionale Romano
VIA NAZIONALE
Palazzo Colonna
Viminale
PIAZZA DELL' ESQUILINO
Santa Maria Maggiore
PIAZZA VENEZIA
Mon. a Vitt. Emanuele II
Il Gesù
Santa Maria in Aracoeli
VIA DEI FORI IMPERIALI
VIA CAVOUR
Ⓜ Cavour
VIA G. LANZA
Musei Capitolini
Capitolino
San Pietro in Vincoli
PARCO DI COLLE OPPIO
Esquilino
VIA MERULANA
Teatro di Marcello
Foro Romano
Ⓜ Colosseo
PIAZZA DEL COLOSSEO
Domus Aurea
ONTE ALATINO
Arco di Costantino
④ Colosseo
VIA LABICANA
VIA DI SAN GIOVANNI IN LATERANO
San Clemente
Palatino
VIA CLAUDIA
① VIA DEI CERCHI
Bocca la Verità
San Gregorio Magno
② Circo Massimo
Ⓜ Circo Massimo
Aventino
VILLA CELIMONTANA
③ Per Parco dell'Appia Antica

0 ———— 1 kilómetro
0 ———— ½ milla

4 Colosseo (ver págs. 31, 66-67) **Explora el estadio antiguo más famoso del mundo. Desde el extremo oeste camina por la Via dei Fori Imperiali, cruza la Piazza Venezia hasta la Via del Corso y gira a la derecha en la Via dei Santi Apostoli.**

3 Parco dell' Appia Antica (Catacumbas) (ver págs. 30-31) **Este parque arqueológico incluye una antigua carretera y varias atacumbas. Toma un taxi de regreso a la Piazza di Porta Capena. Gira a la derecha en la Via di San Gregorio y camina hacia el norte hasta el Arco de Constantino** (ver pág. 60).

2 Circo Massimo (ver págs. 30, 166-167) **Ahora es una inmensa pradera, pero antiguamente aquí se celebraban carreras de carros. En el lado este, cruza por Viale Aventino y toma un taxi hasta Appia Antica. Pide bajar a las Catacumbas de San Calixto. El autobús núm. 118 también llega hasta allí, pero no pasa frecuentemente.**

Bocca della Verità

1 Cuenta una leyenda urbana que en la Edad Media los sacerdotes ponían escorpiones en la Boca de la Verdad para picar a las personas o al menos a los mentirosos. ¡Desafía a tus hijos!

Santa Maria in Cosmedin, Piazza Bocca della Verità 18 • Metro: Circo Massimo, Línea B • Autobuses: 44, 83, 170, 716, 781

Circo Massimo

2 Alrededor de 250 000 personas acudieron a apoyar a sus favoritos de las carreras en el estadio que alguna vez ocupó este parque. Deja que los más pequeños corran e imaginen el fragor de las carreras.

Via dei Cerchi y Via del Circo Massimo • Metro: Circo Massimo, Línea B • Autobuses: 75, 81, 118, 160 • Tranvía: 3

Parco dell' Appia Antica (Catacumbas)

3 La **Via Appia** es una de las primeras calles de Roma y sus alrededores es actualmente uno de los parques más grandes de la ciudad. Aquí también hay terroríficos cementerios subterráneos,

En el poco contaminado Parque dell' Appia Antica se encuentran monumentos arqueológicos y senderos naturales.

como las **catacumbas de San Calixto** *(Via Appia Antica 110-126, 06 513 0151, €€, cerrado mi., 1 de enero, febrero, Semana Santa y 25 de diciembre)*, que conservan los restos de los primeros cristianos y de muchos papas.

Via Appia Antica • www.parcoappiaantica.it • 06 512 6314

Colosseo

④ Hace 2000 años, guerreros y fieras lucharon a muerte ante miles de espectadores en este estadio magníficamente conservado. El **suelo de la arena** y el **subterráneo** (parte de la oferta Full Experience) emocionarán a los niños. Atención: es necesario reservar por internet (aunque siempre hay comercios cercanos que venden entradas, pero no están autorizados).

Piazza del Colosseo • parcocolosseo.it/es/ • €€€ • Cerrado 1 de enero y 25 de diciembre • Metro: Colosseo, Línea B • Autobuses: 51, 75, 81, 85, 87, 118 • Tranvía: 3

Pantheon

⑤ Para los niños más activos, una visita a este imponente y sorprendente edificio puede ser un excelente final del día. Si por el contrario ya están muy cansados, es el momento perfecto para tomarse un helado: en la **Gelateria della Palma** *(Via della Maddalena 19-23)* podrás elegir entre 150 sabores.

Piazza della Rotonda • cultura.gov.it/luogo/pantheon • 06 6830 0230 • Cerrado 1 de enero y 25 de diciembre • Autobuses: 30, 40, 62, 64, 81, 87, 492

Piazza Navona

⑥ Termina el día y dale un respiro a tus pies en Piazza Navona, donde hay multitud de cafés, bonitas fuentes y exuberantes artistas callejeros.

Piazza Navona • Autobuses: 70, 81, 492

DÓNDE **COMER**

■ HOSTARIA ROMA ANTICA
Prueba las especialidades romanas en un edificio antiguo cerca del Mausoleo de Cecilia Metella. **Via Appia Antica 176, 06 513 2888, €€€**

■ NAUMACHIA
Una pizzería adaptada a los niños cerca del Coliseo. Sirve pizzas clásicas y también pasta. **Via Celimontana 7, 06 700 2764, €€€**

VISITAS RÁPIDAS

Roma en un fin de semana con niños

Disfruta de la historia y respira al aire libre, visita un osario, un zoológico, un museo de ciencias y la famosa Escalinata de Trinità dei Monti.

3 **Museo Explora** (ver pág. 34) **El** moderno Museo Infantil Explora ofrece la oportunidad de aprender sobre arte, ciencia y naturaleza. Vuelve a la Piazza del Popolo, sube las cuestas de cada lado y sigue por Viale Gabriele d'Annunzio hasta el parque.

2 **Piazza di Spagna** (ver págs. 34, 104) Algunos artistas y escritores se han inspirado en esta Plaza de España. Desde el extremo norte de la plaza, toma la Via del Babuino hasta Piazza del Popolo, pasa por debajo del arco y continúa por la Via Flaminia.

**ROMA CON NIÑOS DÍA 2   DISTANCIA: 7,9 KM   DURACIÓN: 6 H
ESTACIÓN DE METRO DE INICIO: BARBERINI, LÍNEA A**

VISITAS RÁPIDAS

4 Villa Borghese (ver págs. 35, 107) Desde siempre el jardín de los romanos, es un gran parque perfecto para montar en bicicleta, caminar y hacer un pícnic. Desde el lado norte, sigue por Viale del Giardino Zoologico para llegar a la entrada.

5 Bioparco (ver pág. 35) Uno de los zoológicos más antiguos del mundo con hábitats naturales. En la salida gira a la izquierda y sigue por Viale del Giardino Zoologico hasta Viale G. Rossini. Toma el tranvía núm. 3 (hacia Trastevere) o núm. 19 (en dirección Gerani) y sal en la Via Nomentana. Camina hacia el noreste.

6 Technotown (ver pág. 35) Ubicado en un castillo medieval, este museo muestra los misterios de la ciencia y la tecnología a través de actividades interactivas.

BUOZZI

PINCIANO

VIA G. PAISIELLO

5 Bioparco

Galleria Borghese

VIA PINCIANA

VIA SALARIA

SALARIO

4 Villa Borghese

Porta Pinciana

ORTO

CORSO D'ITALIA

Mura Aureliane

VIA V. VENETO

VIA PIAVE

Porta Salaria

VIA NOMENTANA

VIALE REGINA MARGHERITA

6 Technotown

Porta Pia

Policlinico M

1 Santa Maria della Concezione dei Cappuccini

M Barberini

PIAZZA BARBERINI

Palazzo Barberini

Santa Maria della Vittoria

VIA XX SETTEMBRE

VIALE DEL POLICLINICO

VIALE C. PRETORIO

Policlinico

Santa Maria degli Angeli

PIAZZA DELLA REPUBBLICA

M Repubblica

Castro Pretorio M

Quirinale

alazzo del Quirinale

San Carlo alle Quattro Fontane

1 Santa Maria della Concezione dei Cappuccini (ver págs. 34, 92-93) Los huesos de los frailes capuchinos colocados de una forma particular en la cripta son el principal atractivo de esta encantadora iglesia barroca. Camina dos manzanas por la Via dei Cappuccini y gira a la derecha en la Via Sistina para subir a Trinità dei Monti.

Santa Maria della Concezione dei Capuccini

1 Esta iglesia barroca del siglo XVII es famosa por su cripta que contiene los huesos magníficamente conservados de alrededor de 4000 frailes capuchinos. Algunos esqueletos están intactos, mientras que otros están descompuestos y han sido utilizados de manera premeditada (a menudo macabramente) para crear obras de arte o detalles arquitectónicos que decoran las cinco capillas subterráneas. La cripta se puede visitar junto con el Museo de los Frailes Capuchinos, que expone, entre otras cosas, un lienzo de Caravaggio.

Via Vittorio Véneto 27 • www.cappucciniviaveneto.it/es/ • 06 8880 3695 • Iglesia cerrada de 12:45-16:00 h; museo abierto de 10:00-19:00 h • Metro: Barberini, Línea A • Autobuses: 52, 63, 80, 83, 100

DÓNDE **COMER**

■ CANTINA CANTARINI
Una cocina humilde pero excelente te espera a 15 min caminando de Via Veneto. Prepárate para estar apretado. **Piazza Salustio 12, 06 485 528, €€€**

■ VYTA
Restaurante y vinoteca cerca de la Escalinata de Trinità dei Monti con una cocina que destaca por la calidad de las materias primas. **Via Frattina 94, 06 9818 4507, €€€**

Piazza di Spagna

2 Deja que los niños se desahoguen subiendo y bajando por la famosa Escalinata de Trinità dei Monti. Algunos no entenderán la historia del lugar, pero buscarán el **obelisco romano**, en lo alto de la escalera, y **La Barcaccia** (la fuente inspirada en un barco sumergido en el agua), en la base.

Entre Via dei Condotti y Via della Croce • Metro: Spagna, Línea A

Museo Explora

3 Alojado en la antigua estación de tranvías, el museo dedicado a los niños es un lugar interactivo para explorar y profundizar en el arte, la ciencia y la naturaleza con talleres prácticos donde se fomenta la experiencia, el ensayo y el juego. Diseñado como una pequeña ciudad, ofrece actividades en grupos divididos por edades, desde niños pequeños hasta los 12 años. Está organizado con entradas cronometradas (un máximo de 1 h y 45 min por cada visita).

Via Flaminia 82 • www.mdbr.it • 06 361 3776 • €€ • Cerrado lu., 1 de enero y 25 de diciembre • Metro: Flaminio, Línea A

Villa Borghese

4 Este parque es uno de los más grandes de Roma, ofrece una maravillosa vista de la Ciudad Eterna. Hay avenidas arboladas y amplios espacios abiertos para correr y templos neoclásicos para explorar, pero también muchas atracciones divertidas. A los niños les encantará el **Teatro de Marionetas de San Carlino** (*Viale dei Bambini, www.sancarlino.it*), que ofrece espectáculos los fines de semana durante todo el año. Se pueden alquilar bicicletas, monopatines y *rickshaws* (para 2, 3 o 4 personas), pero también barcas de remos para disfrutar del **Giardino del Lago**, con su famoso Casino del Reloj de 1867.

Entre Via Flaminia y Via Pinciana • Metro: Flaminio, Spagna, Línea A

Bioparco

5 Fundado en 1911, el Bioparque es uno de los zoológicos más antiguos de Europa. Zonas cada vez más modernas y hábitats específicos cobran vida: están ahí el **valle del oso**, un **pueblo de chimpancés,** una **zona de leones marinos** y mucho más. En el zoológico también hay una enorme **casa de reptiles**, así como zonas específicas para orangutanes, tigres, rinocerontes, lémures, etc.

Viale del Giardino Zoológico 1 • www.bioparco.it • 06 360 8211 • €€€ • Cerrado 25 de diciembre • Autobuses: 3, 52, 53, 926, 217, 360 • Tranvía: 19

Technotown

6 Diseñado para niños a partir de 12 años Technotown es un museo de ciencia y tecnología de vanguardia, que permite experimentar con imágenes e impresiones tridimensionales, efectos especiales, sofisticados instrumentos para la reproducción de sonido y música, robots, láseres y dispositivos futuristas. El museo está ubicado en el jardín de la residencia Villa Torlonia.

Via Lazzaro Spallanzani 1 • technotown.it • € • Cerrado lu. • Autobuses: 60, 66, 82

En el Bioparque de Roma se hacen nuevas amistades.

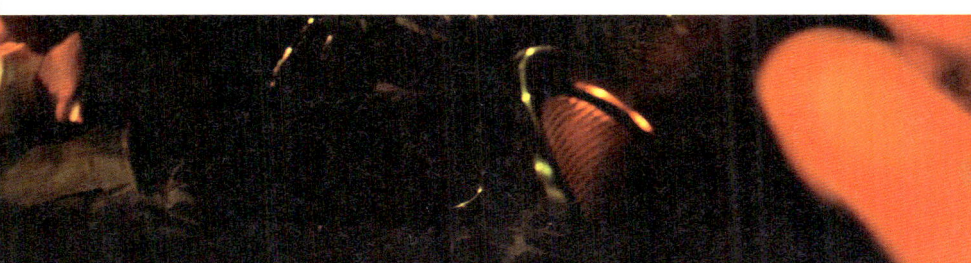

PARTE DOS

Los barrios de Roma

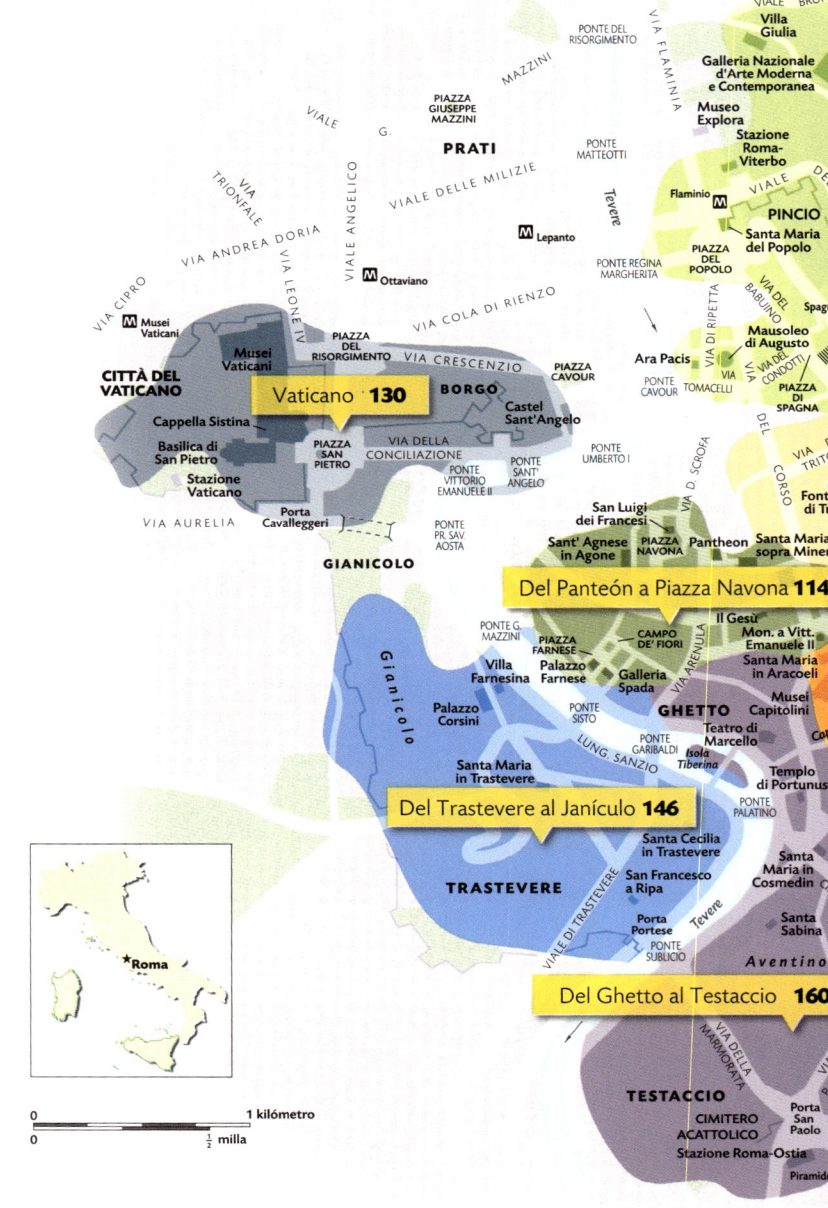

VIALE BRUNO
Villa Giulia
Galleria Nazionale d'Arte Moderna e Contemporanea
Museo Explora
Stazione Roma-Viterbo

PONTE DEL RISORGIMENTO
VIA FLAMINIA
MAZZINI
VIALE G.
PRATI
PIAZZA GIUSEPPE MAZZINI
PONTE MATTEOTTI
VIALE DELLE MILIZIE
Tevere
Flaminio

PINCIO
Santa Maria del Popolo
PIAZZA DEL POPOLO
VIA DEL BABUINO
Spagna

VIA TRIONFALE
VIA ANGELICO
Lepanto
PONTE REGINA MARGHERITA

VIA ANDREA DORIA
VIA LEONE IV
Ottaviano
VIA COLA DI RIENZO

Mausoleo di Augusto
VIA DI RIPETTA
VIA DEI CONDOTTI
PIAZZA DI SPAGNA

VIA CIPRO
Musei Vaticani
PIAZZA DEL RISORGIMENTO
VIA CRESCENZIO
PIAZZA CAVOUR
Ara Pacis
VIA TOMACELLI
PONTE CAVOUR

VIA DEL TRITONE

CITTÀ DEL VATICANO
Musei Vaticani
BORGO
Castel Sant'Angelo
VIA D. SCROFA
Fontana di Trev

Del Panteón a Piazza Navona **114**

Cappella Sistina
Basilica di San Pietro
PIAZZA SAN PIETRO
VIA DELLA CONCILIAZIONE
PONTE VITTORIO EMANUELE II
PONTE SANT' ANGELO
PONTE UMBERTO I
San Luigi dei Francesi
Sant'Agnese in Agone
PIAZZA NAVONA
Pantheon
Santa Maria sopra Minerva

Stazione Vaticano
Porta Cavalleggeri
PONTE PR. SAV. AOSTA
VIA AURELIA

GIANICOLO

Vaticano **130**

Il Gesù
Mon. a Vitt. Emanuele II
Santa Maria in Aracoeli
Musei Capitolini

PONTE G. MAZZINI
PIAZZA FARNESE
CAMPO DE' FIORI
VIA ARENULA

G i a n i c o l o
Villa Farnesina
Palazzo Farnese
Galleria Spada
GHETTO
Teatro di Marcello

Palazzo Corsini
PONTE SISTO
PONTE GARIBALDI
Isola Tiberina
Templo di Portunus

LUNG. SANZIO
Santa Maria in Trastevere
PONTE PALATINO

Del Trastevere al Janículo **146**

Santa Cecilia in Trastevere
Santa Maria in Cosmedin
Santa Sabina

TRASTEVERE
VIALE DI TRASTEVERE
San Francesco a Ripa
Tevere
Aventino

Porta Portese
PONTE SUBLICIO

Del Ghetto al Testaccio **160**

VIA DELLA MARMORATA

TESTACCIO
CIMITERO ACATTOLICO
Stazione Roma-Ostia
Porta San Paolo
Piramide

0 — 1 kilómetro
0 — ½ milla

★Roma

Los barrios de Roma

BUOZZI

PINCIANO

Bioparco

VILLA

Galleria
Borghese

SALARIO

Technotown

De Plaza España a Villa Borghese **100**

BORGHESE

Porta
Pinciana

V. PINCIANA

CORSO D'ITALIA

Porta
Salaria

VIA NOMENTANA

VIALE REGINA MARGHERITA

PORTO

Mura Aureliane

VIA PIAVE

Porta Pia

VIALE DEL POLICLINICO

Policlinico M

calinata della
rinità
ei Monti

V. VITT. VENETO

VIA XX SETTEMBRE

Santa Maria
della Concezione

M Barberini

Castro M
Pretorio

VIA C. PRETORIO

VIALE REGINA ELENA

A SISTINA

PIAZZA
BARBERINI

Palazzo
Barberini

Santa Maria
della Vittoria

Policlinico

Del Quirinal a Via Veneto **86**

Quirinale

PIAZZA DELLA
REPUBBLICA

Repubblica

VIALE DELL' UNIVERSITA

alazzo del
Quirinale

VIA DEL QUIRINALE

Sant'Andrea
al Quirinale

Museo
Nazionale
Romano

M

PIAZZA DEI
CINQUECENTO

Termini M

Stazione-
Termini

Città
Universitaria

VIA NAZIONALE

Viminale

PIAZZA
DELL'
ESQUILINO

Santa Maria
Maggiore

VIA GIOVANNI

VIA MARSALA

VIALE PRETORIANO

VIA TIBURTINA

De Letrán a las Termas de Diocleciano **72**

Fori Imperiali

San Pietro
in Vincoli

M Cavour

VIA G. LANZA

PARCO DI
COLLE OPPIO

PIAZZA
VITTORIO
EMANUELE II

M Vittorio

GIOLITTI

Roma antigua **40**

Foro
Romano

M Colosseo

PIAZZA DEL
COLOSSEO

Domus
Aurea

Esquilino

MERULANA

Porta
Maggiore

Arco di
Costantino

Colosseo

VIA LABICANA

San Clemente

VIA E.

Manzoni

MANZONI

Santa Croce
in Gerusalemme

Palatino

VIALE

FILIBERTO

Del Coliseo a San Pietro in Vincoli **56**

CERCHI

rco
lassimo

Circo
Massimo

M

VILLA
CELIMONTANA

Santo Stefano
Rotondo

Celio

NAVICELLA

VIA D.

PIAZZA DI
SAN GIOVANNI
IN LATERANO

San Giovanni
in Laterano

Porta San
Giovanni

VIALE C. FELICE

VIALE CASTRENSE

VIA LA SPEZIA

DEL

SSIMO

VIA DELLE TERME DI CARACALLA

Porta
Metronia

VIA DRUSO

VIA DELL'AMBA ARADAM

VIA SANNIO

V. MAGNA GRECIA

PIAZZALLE
APPIO

M

San
Giovanni

PIAZZA
DEI RE
DI ROMA

ALE AVENTINO

Terme
di
Caracalla

VIA DI PORTA SAN SEBASTIANO

VIA DI
PORTA LATINA

VIA GALLIA

M Re di
Roma

VIA ETRURIA

Mura Aureliane

Porta
Ardeatina

Porta
Latina

VIA ACAIA

VIALE MARCO POLO

Parco
dell'Appia Antica

Porta San
Sebastiano

Roma antigua

Según la leyenda, el primer rey de Roma, Rómulo, fundó la ciudad en el monte Palatino en el año 753 a. C. Más tarde, emperadores y nobles construyeron allí enormes villas. En las laderas de la colina, el Foro Romano era el centro de la ciudad y aquí se desarrollaron los edificios civiles, políticos y financieros más importantes. En el extremo noroeste se encuentra la Colina Capitolina, donde hoy están la plaza con el mismo nombre y los Museos Capitolinos. Alguna vez fue el centro religioso de Roma donde se ubicaban los principales templos y era el destino de procesiones religiosas y triunfales. Cuando la ciudad y el Imperio se expandieron, el Foro Romano ya no fue suficiente para albergar los edificios administrativos, por lo que con el tiempo se construyeron los Foros Imperiales. Estas cinco plazas públicas al noreste del Foro Romano se deben a Julio César y los emperadores que le sucedieron: Augusto, Vespasiano, Nerva y Trajano, cada uno de los cuales quiso dejar su huella en Roma.

◀ **La estatua de una sacerdotisa en la Casa de las Vestales en el Foro Romano.**

ROMA ANTIGUA

El mayor complejo de ruinas de la antigua Roma se encuentra en el corazón de la ciudad moderna.

❺ Santa Maria in Aracoeli (ver págs. 46-47) Esta iglesia franciscana dominaba la colina Capitolina antes que se erigiera el monumento a Vittorio Emanuele II, el Vittoriano. Sal de la nave derecha y sigue la Via di San Pietro in Carcere hasta la base de la colina.

❻ Fori Imperiali (ver págs. 47-48) La Via dei Fori Imperiali es una calle moderna, que oculta parcialmente las cinco plazas públicas construidas entre el siglo I a. C. y el siglo II d. C. A menos de 200 m de la Columna de Trajano se encuentra la entrada a los mercados.

❼ Mercati di Traiano (ver pág. 49) El emperador Trajano construyó los mercados junto al Foro con el mismo nombre, que fue sede de edificios administrativos y hoy alberga el Museo de los Foros Imperiales.

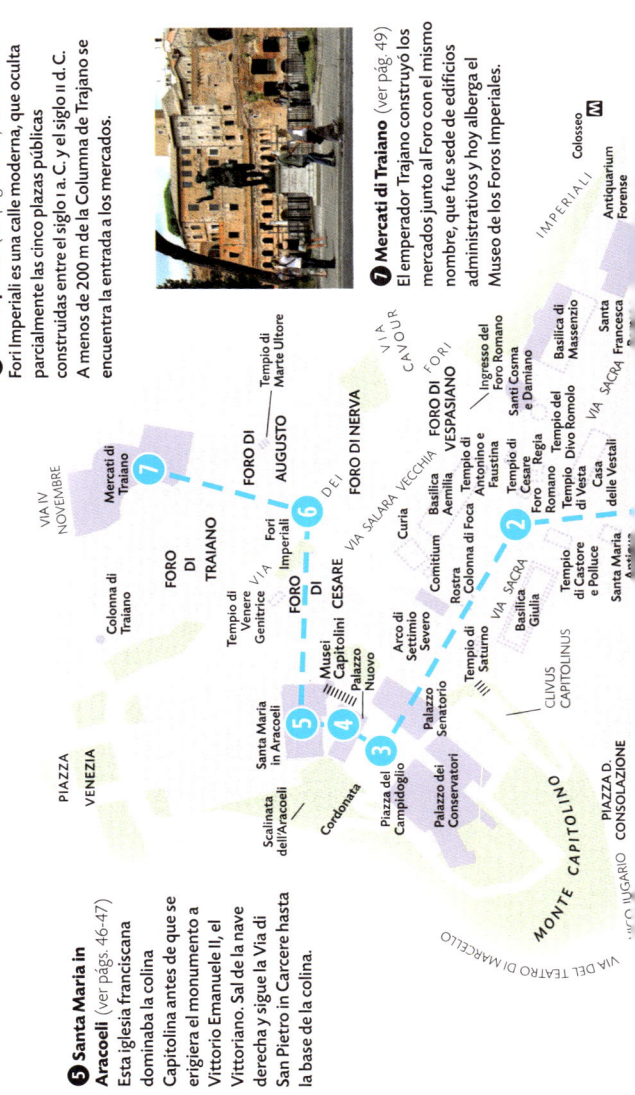

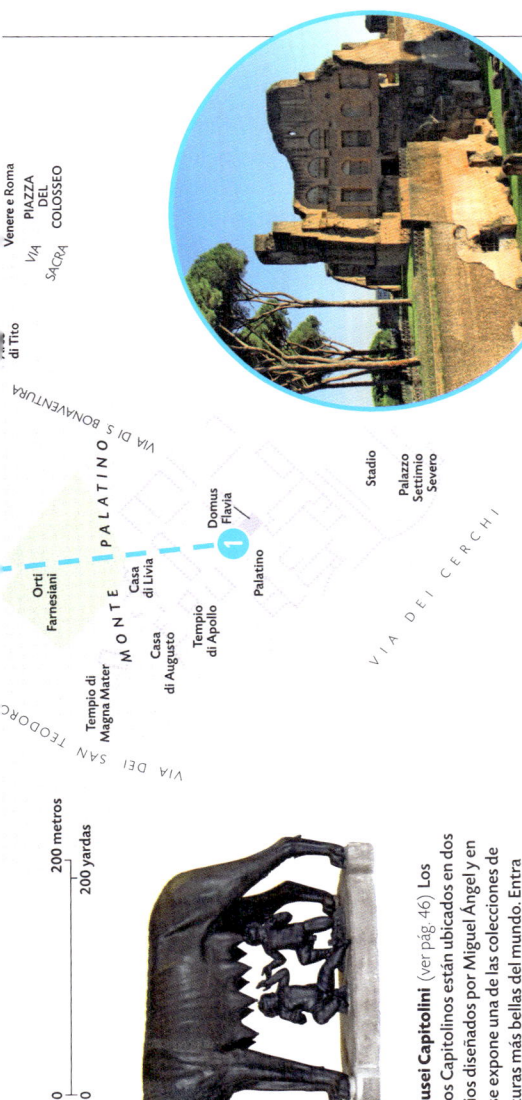

4) Musei Capitolini (ver pág. 46) Los Museos Capitolinos están ubicados en dos edificios diseñados por Miguel Ángel y en ellos se expone una de las colecciones de esculturas más bellas del mundo. Entra por el Palazzo dei Conservatori en el lado sur de la plaza.

3) Piazza del Campidoglio (ver pág. 45) Miguel Ángel diseñó esta elegante plaza y los edificios que la rodean en el siglo XVI. La plaza da la espalda a la antigua ciudad con diversos foros construidos por los emperadores y se abre hacia la «nueva Roma» renacentista.

2) Foro Romano (ver págs. 50-51) Sigue la Via Sacra hacia el corazón de la Roma antigua, desde el Arco de Tito hasta el Arco de Septimio Severo, y gira hacia la Basílica de Massenzio y la Casa de las Vestales. Sal por el extremo noroeste y regresa al Capitolio.

1) Palatino (ver pág. 44) Comienza en el Monte Palatino y explora la monumental Domus Flavia, un palacio imperial del siglo I d. C. Echa un vistazo al Foro Romano desde los Jardines Farnesianos y después desciende a las ruinas del Arco de Tito.

200 metros
200 yardas
0
0

VIA DI S. TEODORO
VIA DI S. BONAVENTURA
M O N T E   P A L A T I N O
Templo di Magna Mater
Casa di Augusto
Tempio di Apollo
Orti Farnesiani
Casa di Livia
Domus Flavia
1
Palatino
Stadio
Palazzo Settimio Severo
V I A   D E I   C E R C H I
Venere e Roma
di Tito
PIAZZA DEL COLOSSEO
VIA SACRA

ROMA ANTIGUA DISTANCIA: 2,4 KM DURACIÓN: 6 H APROX. ESTACIÓN DE METRO DE INICIO: COLOSSEO, LÍNEA B

ROMA ANTIGUA

Palatino

1 El Monte Palatino está lleno de vestigios de la Edad del Hierro, villas republicanas, restos de templos y palacios imperiales. El área ahora es parte del Parque Arqueológico del Coliseo. Una vez que tengas tu entrada, empieza desde **Casa Flavia**, del siglo i d. C., una enorme villa construida en dos niveles por los emperadores de la dinastía Flavia, con calefacción, enormes fuentes y salas de banquetes. El edificio formaba parte de un proyecto revolucionario con el que el emperador Domiciano y el arquitecto Rabirio tenían la intención de crear un palacio que asombrara a todo el mundo por su tamaño y diseño innovador. Utilizaron ladrillos y hormigón para construir una sala semicircular con techo semiesférico, un sendero para paseos nocturnos y un comedor con un techo de 30 m de altura. Las superficies estaban cubiertas con paneles de mármol de todo el Imperio. El **Anticuario del Palatino** (Museo Palatino) expone hallazgos del palacio y de las excavaciones en la colina. Cerca en la vertiente suroeste del cerro, está la **Casa de Augusto**, el primer emperador que habitó el lugar, donde se conservan elegantes pinturas que reproducen arquitecturas y escenas imaginativas. Los **Jardines de Farnesio** (Orti Farnesiani), flanqueado por dos antiguos aviarios, son un recuerdo de la noble familia Farnesio que residió en esta zona. La **Casa Tiberiana**, villa construida por Tiberio, fue renovada por el emperador Cómodo después de un incendio.

Via San Gregorio 30 • parcocolosseo.it/es/ • €€€ • Cerrado 1 de enero y 25 de diciembre (Casa de Augusto cerrada ma. y vi.) • Metro: Colosseo, Línea B

INFORMACIÓN **PARA TURISTAS**

El mejor lugar para admirar el Foro Romano es desde la Piazza del Campidoglio. Este lugar, donde antiguamente estuvo el palacio del emperador Tiberio, ofrece una amplia visión de la zona ocupada por la Casa de las Vestales y del antiguo centro urbano.

Foro Romano

2 Ver págs. 50-51

Via Salara Vecchia 5/6 • parcocolosseo.it/es/ • €€€ • Cerrado 1 de enero y 25 de diciembre • Metro: Colosseo, Línea B

Los edificios renacentistas dan a la Piazza del Campidoglio, dos de los cuales albergan los Museos Capitolinos.

Piazza del Campidoglio

3 Se accede por una escalera del Foro Romano y fue encargada por el papa Pablo III Farnesio a Miguel Ángel en 1536. Esta plaza con forma trapezoidal y con sus tres edificios ocupa una depresión entre las dos cimas de la colina. Uno frente al otro, el **Palazzo dei Conservatori** y el **Palazzo Nuovo** albergan los Museos Capitolinos (ver pág. 46). El **Palazzo Senatorio** es la sede del Ayuntamiento de Roma. Su fachada está decorada con estatuas que representan las divinidades de los ríos (la del Nilo a la izquierda y la del Tíber a la derecha) y una estatua de granito que representa a la diosa Roma, protectora de la ciudad. En el centro de la plaza está colocada una copia de 1996 de una estatua de bronce del siglo II a. C. del **emperador Marco Aurelio;** la original se conserva en el interior de los Museos Capitolinos.

Piazza del Campidoglio • Metro: Colosseo, Línea B

Musei Capitolini

4 La colección original fue recopilada por el papa Sixto IV en 1471, mucho antes de que Miguel Ángel diseñara las estructuras actuales, creando los Museos Capitolinos, los museos públicos más antiguos de Occidente. Durante los siglos siguientes, varios papas donaron antiguas esculturas de mármol y bronce a los museos. En la planta baja del Palazzo dei Conservatori se conservan los restos de una enorme **estatua de Constantino**, incluyendo la cabeza, una rodilla, una mano y un bíceps, que está colocada contra una pared en el patio de la entrada. Arriba, está expuesto el símbolo de la ciudad: la **loba capitolina**, una escultura medieval de bronce. La **exedra** (hueco semicircular) **de Marco Aurelio** alberga la estatua ecuestre original del emperador, cuya copia se encuentra en la plaza. Cerca de allí están los restos del **Templo de Júpiter Optimus Maximus**. En el segundo piso se exponen pinturas al óleo, incluida la famosa *La buena fortuna* de Caravaggio. En el cercano **Palazzo Nuovo**, al que se accede por una galería subterránea, se exponen esculturas antiguas. Busca el *Galia moribunda*, famosa estatua de mármol que representa a un guerrero herido en el último momento de su vida. En una sala especial está la *Venus capitolina* que se cubre con las manos cuando se baña.

Piazza del Campidoglio 1 • www.museicapitolini.org/es • €€€ • Cerrado 1 de enero, 1 de mayo y 25 de diciembre; horario reducido 24 y 31 de diciembre • Metro: Colosseo, Línea B

Santa Maria in Aracoeli

5 Esta basílica construida en el siglo VI sobre las ruinas de un templo dedicado a Juno, es uno de los sitios cristianos más antiguos de Roma. Según la leyenda, fue construida cerca del lugar donde una sibila pagana había predicho la llegada del Mesías. El duro exterior de la estructura da paso a un interior ricamente decorado con planta de tres naves circulares separadas por columnas de mármol y granito, recuperadas de edificios antiguos. El suelo de estilo cosmatesco data del siglo XII y también está elaborado con materiales antiguos reciclados. En la Capilla Bufalini, en el ala derecha cerca de la entrada, hay tres paredes y el techo cubiertos de frescos con obras de **Pinturicchio** de la segunda mitad de la década de 1480, que describen escenas de la vida de San Bernardino de Siena.

Scala dell'Arce Capitolina 14 • 06 6976 3839 • Abierto todos los días de 07:00-19:00 h; do. de 08:30-12:00 h; misa en el altar mayor • Metro: Colosseo, Línea B

Fori Imperiali

6 No solo es un foro sino cinco: Foro de Trajano, Foro de Augusto, Foro de César, Foro (o Templo) de la Paz y Foro de Nerva, todos con un nombre que recuerda al emperador que los mandó construir, excepto el Foro de la Paz, deseado por Vespasiano. Es posible seguir un recorrido por una pasarela que las atraviesa: comienza desde el Foro de Trajano y pasa por debajo de la Via dei Fori Imperiali, continúa por el Foro de César en toda su extensión, y cerca del Foro de Nerva llegarás a la Curia Iulia en el parque arqueológico del Coliseo, para finalmente entrar al Foro Romano. Al final del período republicano,

Vista de los Foros Imperiales: el Foro de Trajano a la izquierda data del año 113 d. C.

el Foro Romano (ver págs. 50-51) era rico en edificios, monumentos, arcos y altares. Cuando Julio César llegó al poder, siguió la práctica anterior de construir y renovar las estructuras del Foro Romano, pero también inició la tradición de construir su propio foro.

ROMA ANTIGUA

DÓNDE **COMER**

■ LA CARBONARA
Esta *trattoria* fundada en 1906 y todavía de gestión familiar, cerca de los Foros Imperiales, ofrece un servicio rápido y sencillo y una excelente cocina romana a precios asequibles, que atrae tanto a romanos como a turistas. **Via Panisperna 214, 06 482 5176, €€**

■ TERRE E DOMUS - ENOTECA PROVINCIA ROMANA
Este bar de vinos cerca de Mercado de Trajano, con una hermosa vista de la Columna de Trajano, ofrece vino local y recetas tradicionales con ingredientes casi exclusivamente de Roma y sus alrededores. **Via del Foro Traiano 82, 06 6994 0273, €€€**

El **Foro de César** fue diseñado como un espacio público, que consistía en un templo dedicado a Venus con vistas a una plaza pavimentada y flanqueado por pórticos con tiendas y talleres de uso comercial. Estaba separado por muros del Foro Romano adyacente. Augusto, sucesor de César, primer emperador, hizo lo mismo y construyó un foro con un templo dedicado a Marte. Tres columnas y el podio se encuentran ahora entre las ruinas del **Foro de Augusto**. Trajano construyó uno más impresionante: el **Foro de Trajano** con **La Columna de Trajano**, de 38 m de altura, que fue inaugurada en el año 113. Una serie de escenas esculpidas, compuestas por 2600 figuras, decoran la columna en espiral relatando los éxitos militares del emperador en Dacia (actual Rumanía) y exaltando los logros de la ingeniería que los hicieron posibles. Tras la caída del Imperio, en el siglo V, los Foros Imperiales también acabaron abandonados. Habían saqueado y destruido algunas de sus estructuras. La recuperación de los Foros comenzó con Napoleón y se intensificó un siglo después con Mussolini, quien al mismo tiempo cubrió y descubrió partes de los Foros Imperiales, construyó su propia Via dell'Impero (ahora rebautizada como Via dei Fori Imperiali) e inició otras excavaciones. Para acceder a la pasarela (abierta todos los días a partir de las 09:00 h; y el cierre varía, según la temporada, entre las 16:30 h y las 19:00 h), es necesario adquirir el Forum Pass que incluye visitas a algunos lugares del Foro Romano y al Monte Palatino.

Via dei Fori Imperiali • www.060608.it • Metro: Colosseo, Línea B

Un paseo tras las huellas de la Via Biberatica en Mercado de Trajano.

Mercati di Traiano

7 Los Mercados de Trajano, un gran complejo de ruinas, se abre camino hacia el lado sur del Quirinal. En realidad, su diseñador, Apolodoro de Damasco, que también había diseñado el Foro de Trajano (ver pág. 48), excavó gran parte del Quirinal para dejar espacio a la exedra. Ubicado en tres calles diferentes, es un laberinto de más de cien salas y salones, que alguna vez ocuparon tabernas y tiendas de comida. El **Museo de los Foros Imperiales**, que recorre la historia de los Foros Imperiales, forma parte del complejo y está dedicado a la arquitectura romana. En este complejo suelen celebrarse exposiciones temporales de arte contemporáneo. Sube al **Jardín de la Milicia** para disfrutar de una vista panorámica.

Via IV Noviembre 94 • www.mercatiditraiano.it/es • €€€ • Cerrado lu., 1 de enero y 25 de diciembre • Metro: Colosseo, Línea B

El Foro Romano

Estas extensas ruinas son evidencia del ascenso y caída de la antigua Roma.

El Foro Romano ocupa una depresión bajo el Palatino.

Durante los mil años que lo vieron en funcionamiento, el Foro Romano pasó de ser un mercado a convertirse en el centro de negocios del Imperio. En el foro se ubicaban las sedes legislativa y política, así como los monumentos triunfales más importantes de Roma; también sirvió como espacio abierto para reuniones públicas y celebraciones. Tras la caída del Imperio, siglos de devastación, saqueos y desastres naturales han dejado su huella: la mayoría de los edificios están ahora en ruinas y solo cinco permanecen más o menos intactos.

■ ARCOS DE TRIUNFO

La **Via Sacra** recorre longitudinalmente el Foro. En el extremo sureste, el **Arco de Tito** celebra la divinización del emperador del mismo nombre y sus victorias en Judea. Al noreste se encuentra el **Arco de Settimio Severo**, del año 203 d. C. El triple arco recuerda las batallas de Settimio Severo en la provincia de Partia (actual Irán), una de las últimas conquistas de Roma.

■ CURIA

Ligeramente al sureste del Arco de Settimio Severo, la Curia (sede del Senado), iniciada con Julio César, aún no estaba terminada cuando murió en el año 44 a. C. La única y enorme sala llegó a recibir a cientos de senadores, cuyos asientos estaban apoyados en el **suelo de mármol con incrustaciones**. Su diseño geométrico estaba tallado en bloques de piedra del norte de África, Grecia y Asia Menor, todas tierras conquistadas.

■ EMPERADORES DIVINOS

Cuando el Senado reconocía a un emperador como divino, se le dedicaba un templo. Muy cerca uno del otro, en el centro del Foro, están los de Julio César y una pareja divina: Antonino y Faustina.

UNA **CURIOSIDAD**

Las primeras excavaciones importantes en el Foro Romano son del siglo XIX. Más de 9 m de escombros y sedimentos de río cubrían la mayor parte de lo que se ve. El barro y los escombros enterraron la mitad del Arco de Settimio Severo y gran parte del Templo de Antonino y Faustina.

■ CASA DE LAS VESTALES

La Casa de las Vestales está situada en la Via Sacra, que desciende del Palatino hacia el noroeste. En esta villa vivía un grupo de sacerdotisas, Vírgenes Vestales, donde ardía una llama sagrada, que se guardaba en un templo circular dedicado a la diosa Vesta, al lado de la villa. Las salas se organizaban en torno a un **atrio** (un patio porticado), donde hoy hay césped. Las Vestales vivieron aquí durante 30 años de servicio, desde su infancia.

■ PREFECTURA

Frente a la Casa de las Vestales, la **Basílica de Massenzio** fue la sede de la prefectura, iniciada a principios del siglo IV d. C. por el emperador Majencio y completada por Constantino. Las tres naves, construidas en cemento y ladrillo, antiguamente estuvieron revestidas de mármol. Hoy solo queda una.

ROMA ANTIGUA

Via Salara Vecchia 5/6 • parcocolosseo.it/es/ • €€€ • Cerrado 1 de enero y 25 de diciembre • Metro: Colosseo, Línea B

La ciudad imperial

En el siglo I a. C., el área de influencia de Roma se extendía por el Mediterráneo y por gran parte de Europa occidental, y la ciudad era su corazón palpitante. Las tensiones políticas en el Senado provocaron luchas de poder y una guerra civil, de la que César emergió como dictador. Su asesinato en el año 44 a. C. desencadenó todavía más conflictos. A partir del 27 a. C., el poder pasó a manos del heredero de César, Augusto, el primero de una serie de emperadores que dejarían su huella.

Sobre las ruinas del Foro Imperial destaca la Columna de Trajano, y detrás de ella, la iglesia barroca de SSmo. Nombre de María (arriba). El emperador Vespasiano inició la construcción del Coliseo en el 72 d. C. (a la derecha).

Edificios para la gloria

Los emperadores, buenos o no, conocían el valor de los gestos generosos y construyeron edificios y monumentos para seducir e intimidar a ciudadanos, visitantes y prisioneros de guerra. Utilizando grandes talentos, mano de obra y esclavos, los emperadores transformaron Roma en una gran ciudad, digna del estatus de capital del Imperio, asociando su nombre a templos, teatros, estadios, columnas y arcos triunfales. Todo a gran escala para obtener un lugar en la historia.

Edad de Oro

A finales del siglo I d. C., Roma era la ciudad más grande del mundo, con una población de alrededor de un millón. Sus grandes avenidas y plazas pulidas con mármol y mosaicos estaban repletas de estatuas y decoraciones extraordinarias. Obeliscos como el que se encuentra en **la Piazza del Popolo** se habían obtenido triunfalmente en Egipto (ver pág. 105). Los artistas romanos copiaron las esculturas que trajeron en barcos desde Grecia. Durante el período

ROMA ANTIGUA

de varios emperadores, el Imperio alcanzó su mayor extensión y Roma experimentó su Edad de Oro.

Declive y caída

Sin embargo, con el tiempo, la ciudad se volvió complaciente y corrupta.

En el año 293, con el emperador Diocleciano, la capital se trasladó de Roma a Milán y, más tarde, Constantino (304-337) la llevó a Constantinopla (actualmente Estambul). A principios del siglo v, la autoridad del Imperio se estaba colapsando debido a las revueltas y las invasiones. En el 476, el Imperio romano occidental llegó a su fin cuando Odoacre tomó el poder en Italia. Roma cayó en la ruina, y tuvo que esperar casi mil años para renacer, durante el Renacimiento.

SEIS **EMPERADORES**

Tiberio (r. 14-37) El famoso general se trasladó solo a Capri.

Calígula (r. 37-41) Se convirtió en un tirano cruel, vengativo y engañado. Terminó asesinado.

Nerón (r. 54-68) Constructor del Imperio y promotor de la cultura pero dictador brutal.

Trajano (r. 98-117) General muy capacitado que supo gobernar. El Imperio con él estaba en su mayor extensión.

Adrián (r. 117-138) Buen administrador y constructor enérgico, viajó a todas partes.

Marco Aurelio (r. 161-180) Filósofo y escritor que luchó contra los enemigos de Roma.

ROMA ANTIGUA

Excursiones de un día

Por muy atractivo y rico que sea el centro histórico de Roma, dedica un tiempo para visitar sus alrededores. En Ostia Antica, las casas y edificios residenciales todavía están bien conservados; los montículos etruscos y las villas imperiales y del renacimiento tardío están a menos de una hora de la ciudad.

■ OSTIA ANTICA

Esta antigua ciudad portuaria, situada a 20 km al oeste de Roma, desempeñó un importante papel comercial y administrativo durante el Imperio. Es una ciudad típica romana, con unos 100 000 habitantes, compuesta de calles trazadas perpendicularmente, un foro en el centro y un teatro, edificios residenciales, baños públicos y templos. Visita los **mitreo** (*mitrei*), lugares de culto subterráneos dedicados al dios persa Mitra.

www.ostiaantica.beniculturali.it/es/inicio/ • Tren: Ostia Antica, línea Roma-Lido

■ NECRÓPOLIS DE CERVETERI

En el antiguo asentamiento etrusco de Cerveteri, al norte de Roma, los ciudadanos ricos construyeron y decoraron elaboradas tumbas. Algunas con forma circular, otras cuadradas y muchas adornadas con frescos y esculturas.

Tren: Ladispoli Cerveteri. Después sigue a pie o en autobuses locales.

■ VILLA D'ESTE

Tras la fallida elección papal de 1550, el cardenal Hipólito II d'Este se retiró a Tívoli, a 30 km al este de Roma. En un gesto de grandeza para reafirmar su poder, el cardenal d'Este, junto con el artista y arquitecto Pirro Ligorio, transformó su humilde monasterio en una lujosa villa, con fuentes que brotaban de la colina escalonada. La villa se sometió a una larga restauración de las fuentes de agua, como la Fuente del Órgano, con tubos de agua que producen música. Está decorada con alegres y extravagantes frescos de finales del siglo XVI.

Piazza Trento 5, Tívoli • www.visittivoli.eu • 0774 332 920 • €€ • Tren: Stazione Tivoli, línea Roma-Pescara

ROMA ANTIGUA

Cientos de fuentes y estanques de agua embellecen los jardines renacentistas de Villa d'Este.

■ VILLA ADRIANA

En la llanura por debajo de Tívoli, el emperador Adriano mandó construir en el siglo ii la villa imperial más grande y lujosa con una superficie que duplica la de la ciudad de Pompeya; su arquitectura recibió la influencia de los viajes del emperador. El **Canopus**, un canal que desemboca en el gran salón de banquetes, recuerda a Egipto; la **Sala de los Pilares Dóricos** y el **Templo de Venus** hacen alusión a Grecia, mientras que el **Teatro Marittimo**, el apartamento privado del emperador rodeado por un canal, es una innovación romana.

Via di Villa Adriana, Tívoli • www.visittivoli.eu • 0774 382 733 • €€ • Tren: Bagni di Tivoli, Autobús: conexión en la plaza frente a la estación

■ CASTELLI ROMANI

En la antigüedad y durante el Renacimiento, las familias nobles construyeron residencias de campo en las colinas al sureste de Roma. La zona, conocida como Castelli Romani, se compone de 13 pueblos. Uno de ellos, **Nemi**, está encaramado sobre un lago que los antiguos llamaban el Espejo de Diana, diosa de la luna y de la caza. Visita Nemi para pasear por su centro medieval, nadar en el lago y admirar los modelos de barcos antiguos en el **Museo de Barcos Romanos** (*Via di Diana 13, 06 939 8040, €*).

Metro: Anagnina, línea A, después autobús Cotral hasta Genzano Romano y Nemi

Del Coliseo a San Pietro in Vincoli

El Anfiteatro Flavio del siglo i d.C., conocido como el Coliseo (Colosseo), domina la zona al este del Foro Romano. Fue la arena más grande del Imperio romano que se construyó en la ciudad para espectáculos públicos durante 450 años. Más tarde, surgieron iglesias cristianas alrededor de esta, como las de Santi Giovanni e Paolo y Santo Stefano Rotondo. En la Iglesia de San Pietro in Vincoli se encuentra la famosa estatua del profeta Moisés obra de Miguel Ángel. Junto al Coliseo, está el Arco de Constantino que representa la victoria del emperador contra Majencio en el Puente Milvio en el 312 d.C., durante un conflicto de poder interno. Estos monumentos ocupan el valle entre las colinas de Esquilino y del Palatino al norte y la del Celio al sur y al este.

◄ **Antiguamente los arcos del segundo y tercer nivel del Coliseo estaban decorados con estatuas, y la arena ha sido un punto de referencia para la ciudad de Roma durante 2000 años.**

Del Coliseo a San Pietro in Vincoli

El Coliseo y las colinas adyacentes nos dan una visión de la vida cotidiana de los antiguos romanos y de los cambios que siguieron tras la caída del Imperio y la afirmación del cristianismo.

❶ Colosseo (ver págs. 66-67) Empieza en el anfiteatro romano más grande del mundo, con capacidad para 60 000 espectadores. Camina hacia la esquina suroeste hasta el Arco di Constantino.

❷ Arco di Constantino (ver pág. 60) Admira los bajorrelieves de mármol blanco del monumento que celebra la victoria de Constantino. Camina por el lado sur del Coliseo y después sube por la Via Claudia. Baja a la Iglesia de Santi Giovanni e Paolo.

❼ San Pietro in Vincoli (ver págs. 64-65) Los peregrinos acuden aquí para ver las Cadenas de San Pedro. Los entusiastas del arte prefieren el Moisés de Miguel Ángel.

❻ San Clemente (ver págs. 63-64) La iglesia del siglo XII se encuentra encima de una iglesia cristiana anterior que, a su vez, fue construida sobre un edificio de la época imperial del siglo I d. C. Regresa al Coliseo y sube la colina hacia el norte hasta San Pietro in Vincoli.

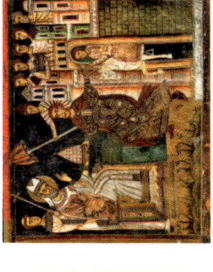

❺ Santi Quattro Coronati (ver pág. 63) Una capilla de esta iglesia conserva frescos del siglo XIII en los que se describen las hazañas de Constantino. Cruza dos calles hacia Via di San Giovanni in Laterano.

4 Santo Stefano Rotondo
(ver págs. 62-63) Esta iglesia cristiana conserva frescos del siglo XVI que representan escenas de martirio. Regresa a la Piazza Celimontana y continúa por la Via Celimontana durante unos diez minutos hasta la Iglesia de Santi Quattro Coronati.

3 Santi Giovanni e Paolo (ver págs. 60-62)
La planta baja de la iglesia descansa sobre un solar cristiano y la Casa Romana del Celio, antiguos edificios romanos. Regresa a la Piazza Celimontana y después sigue por la Via de Santo Stefano Rotondo hasta la iglesia con el mismo nombre.

ERULANA

PIAZZA
SAN GIOVANNI
IN LATERANO

VANNI IN LATERANO

VIA DEI SANTI QUATTRO

5 Santi Quattro Coronati

ROTONDO

SANTO STEFANO

VIA DI

4 Santo Stefano Rotondo

PIAZZA CELIMONTANA

VIA

VIA DELLA NAVICELLA

CLAUDIA

3 Santi Giovanni e Paolo

PIAZZA
DI PORTA
METRONIA

VIA DRUSO

PIAZZALE
NUMA
POMPILIO

DEL
CELIO

MONTE CELIO

VILLA CELIMONTANA

VIA DELLE TERME DI CARACALLA

PIAZZA
DI PORTA
CAPENA

VIA DI SAN GREGORIO

0 — 250 metros
0 — 250 yardas

DEL COLISEO A SAN PIETRO IN VINCOLI DISTANCIA: 2,4 KM DURACIÓN: 6 H APROX.
ESTACIÓN DE METRO DE INICIO: COLOSSEO, LÍNEA B

Colosseo

1 Ver págs. 66-67

Piazza del Colosseo • parcocolosseo.it/es/ • €€€ • Cerrado 1 de enero y 25 de diciembre • Metro: Colosseo, Línea B • Autobuses: 51, 60, 75, 85, 87, 117

El arco triunfal de Constantino está decorado con bajorrelieves que narran sus hazañas.

Arco di Constantino

2 El emperador Constantino erigió este arco triunfal en el año 315 d. C., después de derrotar al emperador Majencio durante una guerra civil. El triple arco sigue el tipo de arquitectura tradicional para celebrar un triunfo, pero la decoración es revolucionaria. En lugar de relieves y bajorrelieves tallados desde cero, Constantino saqueó esculturas de los monumentos de otros emperadores como Trajano, Adriano y Marco Aurelio, y las colocó en su propio arco. Incluso ordenó esculpir su propia cabeza en los cuerpos de estatuas reutilizadas. Los paneles muestran a Constantino honrando las virtudes imperiales de la virilidad y la piedad pagana. En el lado suroeste, el relieve del panel superior derecho, que originalmente representaba a Marco Aurelio realizando un sacrificio con un animal y vino, se transformó para representar a **Constantino durante un ritual pagano**. Los pocos ejemplos de esculturas del siglo IV presentan proporciones aplanadas y escalas incorrectas y una iconografía que se distancia del realismo clásico de otras imágenes. Los relieves sobre el pequeño arco en el lado suroeste representan soldados atacando una muralla de la ciudad mucho más alta que ellos.

Piazza del Colosseo • Metro: Colosseo, Línea B • Autobuses: 51, 60, 75, 85, 87, 117

Basílica de Santi Giovanni e Paolo

3 La iglesia del siglo XII conmemora a dos oficiales romanos que se convirtieron al cristianismo en época del emperador Constantino. Fueron decapitados por negarse a luchar en nombre del emperador pagano Giuliano, el Apóstata. La iglesia sufrió cambios radicales en su decoración entre los siglos XVII y XX, con la incorporación de capillas y monumentos funerarios dedicados a nobles y miembros del clero. Una gran **capilla con cúpula** de mediados del siglo XIX contiene las reliquias de San Pablo de la Cruz, fundador de la orden Pasionista. Los **candelabros de cristal** en la nave, donados por el Hotel Waldorf Astoria de Nueva York, son el elemento más reciente, creados por Francis Spellman, arzobispo de Nueva York en los años 40. Debajo de la basílica se encuentran los restos de dos casas romanas (una residencial de varios pisos y una mansión de tres pisos) decoradas con mosaicos, frescos y fuentes. Las **Casas Romanas del Celio** (*Clivo di Escauro, 06 3996 7755, €€, cerrado ma., ju., 1 de enero y 25 de diciembre*), se unieron en una residencia unifamiliar en el siglo IV. Según la tradición, Juan y Pablo vivieron aquí y fueron enterrados también

El hermoso interior barroco de la Basílica de Santi Giovanni e Paolo es perfecto para celebrar bodas.

aquí después de su martirio. El lugar se convirtió en destino de peregrinaciones y en sede de una iglesia hacia el año 395. Las antiguas estancias quedaron abandonadas y olvidadas hasta la segunda mitad del siglo XIX.

Piazza dei Santi Giovanni e Paolo 13 • Metro: Circo Massimo, Colosseo, Línea B • Autobuses: 85, 87, 117, 175, 186, 271, 571, 673, 810

Iglesia de Santo Estefano Rotondo

4 San Esteban, el primer mártir cristiano, fue apedreado por su fe alrededor del año 35 d. C. en Jerusalén. La iglesia del siglo V que lleva su nombre está formada por dos anillos concéntricos divididos por columnas de mármol y granito recuperadas de la época romana y de principios de la era cristiana. Su interior amplio y luminoso

Un mosaico en el ábside de una capilla de la Basílica de San Esteban representa a los santos Primo y Feliciano.

contrasta con la temática de los **frescos** de las paredes: 34 sangrientas escenas de martirio pintadas por Antonio Tempesta y Niccolò Pomarancio para el papa Gregorio XIII, a finales del siglo XVI. En una capilla lateral a la izquierda de la entrada principal hay un altar decorado con **mosaicos del siglo VII** que representan a los santos Primo y Feliciano junto a una cruz enjoyada. En el exterior, los **jardines** son un refugio del calor del verano.

Via Santo Stefano Rotondo 7 • www.060608.it • 06 421 19130 • Cerrado lu., 1 de enero, domingo de Pascua, tres semanas en agosto y 25 de diciembre • Metro: Colosseo, Línea B • Autobuses: 81, 117, 673

Santi Quattro Coronati

5 La Iglesia de Santi Quattro Coronati está dedicada a cuatro cristianos anónimos que fueron asesinados por negarse a seguir el culto del dios pagano Esculapio. El estilo románico del exterior de ladrillo, de aspecto siniestro y de fortaleza, continúa en el oscuro interior *(06:30-12:45 h; 15:30-20:00 h)*. El **claustro** del siglo XII, con una serie de columnas alrededor de un encantador jardín, no está accesible actualmente. Los frescos del **Oratorio de San Silvestro** del siglo XIII *(abierto por la mañana de 09:30-12:15 h)* cuentan las historias del papa Silvestre I y el emperador Constantino. Las imágenes son unidimensionales y recuerdan al arte bizantino, anterior a los inicios del Renacimiento, ya aceptado en Florencia y más tarde reafirmado en Roma.

Via dei Querceti • monacheagostinianesantiquattrocoronati.it • 335 49 52 48 • Metro: Colosseo, Línea B • Autobuses: 85, 87, 175, 673

San Clemente

6 La iglesia medieval de San Clemente conserva un magnífico **mosaico de oro y vidrio** en el ábside (ver pág. 112), un **suelo de mosaico** de excelente ejecución y un **tranquilo patio**, todo del siglo XII. La iglesia, dirigida por dominicos irlandeses, está dedicada a san Clemente, el cuarto papa. Según la tradición, sufrió el martirio de ser arrojado al mar con un ancla al cuello; hoy el ancla decora la iglesia como testimonio de su sacrificio. En una capilla a la izquierda de la entrada principal se representan escenas de otro martirio: **la vida y muerte de santa Catalina**. Los frescos fueron pintados a mediados del siglo xv por maestros del Renacimiento, Masaccio o Masolino, o quizás ambos. Debajo de la iglesia, es posible visitar la **iglesia original** de San Clemente, construida a finales del siglo iv, principios del siglo v (ver pág. 70). Para acceder al lugar arqueológico se debe comprar entrada. Una escalera en la nave derecha conduce a la planta inferior, donde la iglesia fue rellenada de tierra hacia el año 110 y utilizada como base para la iglesia superior. Otra escalera al final de la nave, a la izquierda, conduce a una parte aún más antigua, que consta de **dos edificios romanos del siglo i**. El primero era un condominio e incluía un santuario dedicado al rey persa Mitra; la segunda era una construcción pública, tal vez un almacén o una casa de moneda.

Via di San Giovanni in Laterano 108
• www.basilicasanclemente.com • 06 774 0021 •
Excavaciones: € • Cerrado do. mañana • Metro: Colosseo,
Línea B • Autobuses: 60, 75, 81, 85, 87, 175, 673

DÓNDE **COMER**

■ **LI RIONI**
Cerca del Coliseo, ofrece deliciosas pizzas cocinadas en horno de leña. Solo cenas, cerrado ma. **Via Santi Quattro Coronati 24, 06 7045 0605, €€**

■ **TAVERNA DEI QUARANTA**
Mesas al aire libre en la Via Claudia, cerca de la Iglesia Santi Giovanni e Paolo; esta sencilla trattoria es un lugar agradable para comer un plato de pasta. **Via Claudia 24, 06 700 0550, €€**

■ **TEMPLO DI ISIDE**
Este restaurante exclusivo de pescado en San Clemente ofrece platos muy frescos y preparados de forma creativa. **Via Pietro Verri 1, 06 700 4741, €€€-€€€€**

San Pietro in Vincoli

7 Originalmente consagrada en el año 439, la iglesia debe la mayor parte de su decoración actual a los siglos xv y xvi. La basílica estuvo bajo la tutela del cardenal Giuliano della Rovere (elegido papa Julio II en 1503), quien encargó a Miguel Ángel el diseño de su tumba. Aunque deseaba que la imponente **tumba** se colocara en la Basílica de San Pedro del Vaticano (ver págs. 135-136), una serie de problemas políticos y financieros provocaron que esta se instalara incompleta en San Pietro in Vincoli décadas después de la muerte de

Julio II. La escultura protagonista de la tumba es Moisés, sentado en un trono, con los dedos en los rizos de la barba y las tablas de los Diez Mandamientos apoyadas bajo su brazo derecho. Probablemente sea la escultura más carismática de Miguel Ángel y parece llena de vida. A ambos lados de Moisés están las esposas de Jacob: Lea y Raquel. La iglesia debe su nombre a las cadenas (*i vincoli*, o los lazos) de San Pedro que la emperatriz Elia Eudocia había recibido como regalo de Juvenal de Jerusalén, durante su viaje a Tierra Santa. Según la leyenda, el papa León I las había acercado para compararlas y las cadenas se unieron de forma inseparable. Estas cadenas se encuentran en el relicario de vidrio debajo del altar mayor. El gran techo, pintado al fresco por Giovanni Battista Parodi en 1706, representa el **milagro de las cadenas**. Excavaciones recientes para la reconstrucción del suelo han revelado restos de edificios anteriores.

Piazza San Pietro in Vincoli • www.060608.it • 06 4543 7949 • Metro: Cavour, Colosseo, Línea B • Autobuses: 75, 84

UNA **CURIOSIDAD**

La escultura de Moisés de Miguel Ángel en San Pietro in Vincoli captura un momento de gran emoción. La Biblia dice que Moisés, después de recibir los Diez Mandamientos, vio a unos israelitas adorando un becerro de oro. Enfurecido, lo quemó, lo pulverizó y ordenó a los pecadores que se lo bebieran.

DEL COLISEO A SAN PIETRO IN VINCOLI

La estatua de Moisés de Miguel Ángel adorna la tumba del papa Julio II en San Pietro in Vincoli.

El Coliseo

*El más impresionante de los anfiteatros romanos es el Coliseo, del siglo I d. C.,
un lugar para representaciones épicas y juegos sangrientos.*

Hasta 60 000 espectadores llenaban las gradas, protegidos del sol con toldos especiales.

La construcción del Coliseo comenzó en el año 72 d. C. durante el reinado del
emperador Vespasiano. Su hijo Tito lo inauguró 8 años después. Conocido como
Anfiteatro Flavio, por el nombre de la familia imperial, adoptó el sobrenombre
de Coliseo en la Edad Media, por su proximidad a la colosal estatua del
emperador Nerón, de 35 m de altura. Tras la caída del Imperio romano y más
de 450 años de espectáculos con fieras, ejecuciones y luchas de gladiadores,
los arcos del Coliseo se utilizaron como establos y fortificaciones.

■ Muros exteriores

Primero pasea por el Coliseo. El lado noreste está bien conservado con sus cuatro niveles de arcos, con **columnas de diferentes estilos**: una robusta toscana en el nivel inferior, jónica en el segundo y una corintia más elaborada en los dos niveles superiores. Había **80 arcos de entrada** que conducían al interior antes de que se derrumbaran los muros del sur (el perímetro está marcado por una línea blanca en el suelo). En los arcos que han quedado **están inscritos los números romanos** que corresponden a las entradas de los espectadores. Los bloques de mármol proceden de Tívoli, a 32 km al este de Roma.

■ La cruz

En el interior, la estructura elíptica de la arena mide 49 m de alto, 200 m de largo y 165 m de ancho. Hay una **cruz de bronce** en el extremo norte del eje corto del estadio que data de 1926.

■ Estructura subterránea

En el centro de la arena, cuatro muros paralelos formaban parte de los **cimientos** de 6 m de altura.

**INFORMACIÓN
PARA TURISTAS**

Compra la entrada para el Coliseo por internet (*parcocolosseo.it/es/*, 06 3996 7700) y elige el horario de tu visita. Si te resulta difícil, hay un servicio de atención al público en Via dei Verbiti. Con esta entrada también puedes acceder al Foro Romano y al Monte Palatino.

Originalmente este «sótano» estaba cubierto por un suelo de madera que, a su vez, se cubría con una capa de arena de 10 cm. Las bases funcionaban como las alas de un teatro. Animales enjaulados, criminales condenados a muerte y gladiadores esperaban aquí para salir al escenario. Las jaulas de los animales se subían a la arena mediante elevadores y plataformas inclinadas. Las bestias salían por trampillas ubicadas en el suelo.

■ La mecánica

Estos pasillos y túneles, con huecos para los elevadores, transportaban animales y personas hasta el nivel de la arena. Ahora pueden hacerse visitas guiadas a las zonas subterráneas.

DEL COLISEO A SAN PIETRO IN VINCOLI

Piazza del Colosseo • www.parcocolosseo.it/es/ • 06 3996 7700 • €€€ (entrada válida también para el Foro Romano y el Monte Palatino) • Cerrado 1 de enero y 25 de diciembre. • Metro: Colosseo, Línea B • Autobuses: 75, 81, 85, 87, 118 • Tranvía: 3

Panem et circenses

Los emperadores romanos sabían cómo tener felices a los ciudadanos: garantizando comida y mucho entretenimiento gratuito; *panem et circenses,* como decía Juvenal hacia el año 100 d. C. Juegos de carreras de carros o campeonatos de atletismo se celebraban en arenas al aire libre llamadas «circos». Emperadores o personas adineradas financiaron esto y construyeron balnearios donde socializar y disfrutar de los vicios.

El emperador Vespasiano inició la construcción del Coliseo (arriba). Un fresco del siglo II d. C. representa a un gladiador luchando contra un león en la arena (derecha).

Deportes de sangre

Con sus columnas de mármol, cojines de seda, fuentes, grandes cortinas y una capacidad para 60 000 espectadores, el Coliseo (ver págs. 66-67) fue el monumento que mejor representaba la cultura del vicio. El emperador Tito lo inauguró en el año 80 d. C. con un festival que duró cien días, en el que gladiadores y alrededor de 5000 animales exóticos se enfrentaron y murieron ante un público que venía de todas partes del Imperio. La arena más grande para las carreras de carros era el Circo Massimo (ver págs. 166-167), cuyas ruinas se pueden ver entre las colinas del Palatino y Aventino. Tenía capacidad para 250 000 personas, una cuarta parte de la población de la ciudad. En el año 85 d. C., Domiciano construyó un estadio más pequeño para 30 000 personas, y albergar a los atletas que luchaban desnudos. También se llevaban a cabo luchas de gladiadores y ejecuciones donde actualmente está Piazza Navona (ver pág. 123). El último estadio construido, en el

309 d. C., es el mejor conservado: el Circo de Majencio en la Via Apia, donde 18 000 espectadores presenciaron carreras de carros.

La era de las termas

Los romanos convirtieron el baño en un arte. Los baños públicos eran casi centros de bienestar: lugares para relajarse y lavarse, hacer ejercicio, recibir un masaje, encontrarse con amigos, jugar a los dados u otros juegos de mesa, comer. Las Termas de Caracalla (ver págs. 167-168), creadas en el año 211 d. C., fueron las mejores del Imperio y permanecieron en uso hasta el siglo VI. Hoy en día, las ruinas dan testimonio de su enorme tamaño (podían albergar a 1600 bañistas al mismo tiempo), pero solo queda un atisbo del lujoso revestimiento interior. El complejo incluía un gimnasio, tiendas, jardines de esculturas, bibliotecas y salas de conciertos. Entrar tenía un pequeño coste, aunque durante un tiempo fue gratuita, si alguien la financiaba.

PLACERES **PERDIDOS**

De estos baños y juegos solo quedan algunos vestigios:

Circo Vaticano El emperador Calígula mandó construir este circo privado en una llanura de la colina del Vaticano.

Termas de Agripa El general Agripa estableció el primer conjunto de baños públicos en Roma, cerca del Partéon, aproximadamente en el año 20 a. C.

Termas de Diocleciano Diocleciano construyó los baños más grandes de Roma (ver págs. 76-77) en el año 298 d. C. cerca de la Piazza della Repubblica.

Termas de Trajano Se remontan al año 104-109 d. C. y algunas zonas aún son visibles en el Parque Colle Oppio, cerca del Coliseo.

Roma subterránea

Roma es una ciudad de múltiples capas, con ruinas antiguas atrapadas bajo edificios medievales, y a su vez son los cimientos de la ciudad actual. Las excavaciones han revelado la estratificación urbana y han descubierto edificios enterrados bajo tierra y escombros, tras el paso del tiempo.

■ SAN CLEMENTE

La Iglesia de San Clemente (ver págs. 63-64), del siglo XII, es quizás el mejor lugar para admirar las muchas capas de Roma. Entra y baja las escaleras para llegar a la iglesia del siglo IV y, más abajo, al edificio de viviendas del siglo I d. C., unos 9 m por debajo de la planta baja actual. Aquí hay un santuario dedicado al dios persa Mitra, cuyo culto desafió al cristianismo. Por todas las paredes hay bancos de piedra y un relieve en el altar que muestra al dios matando a un toro.

Via di San Giovanni di Laterano 108 • www.basilicasanclemente.com • 06 774 0021 • Excavaciones: € • Cerrado do. hasta las 12:00 h • Metro: Colosseo, Línea B • Autobuses: C3, 51, 85, 87, 117

■ ZONA ARQUEOLÓGICA VICUS CAPRARIUS

Las renovaciones en el Cine Trevi cerca de la Fontana di Trevi (ver pág. 92) han revelado un muro del siglo I d. C. Otras excavaciones sacaron a la luz dos edificios romanos, una cisterna y una casa, ambos abandonados en el siglo V. Los restos se encuentran 8 m por debajo de la actual planta baja y forman parte de la llamada «Ciudad del Agua». Se recomienda reservar entre semana para visitar el fin de semana.

Vicolo del Puttarello 25 • vicuscaprarius.com/es/ • 339 778 6192 • Metro: Barberini, Línea A o Cavour, Colosseo, Línea B • Autobuses: 62, 63, 71, 85, 87, 117, 492

■ CASAS ROMANAS

A pocos pasos de la concurrida Piazza Venezia, se encuentran los restos de dos lujosas villas romanas, bajo un palacio renacentista. Las residencias nobles, descubiertas en 2007 y abiertas al público en 2010, conservan elaborados suelos de mosaico, paredes de mármol y fragmentos de tuberías y baños. La visita comienza con una

San Pedro está enterrado con otros 146 papas en la cripta de la Basílica de San Pedro.

presentación multimedia y continúa con vídeos que reproducen cómo eran los edificios y elementos de la vida doméstica de la época.

Palazzo Valentini, Via Foro Traiano 85 • www.palazzovalentini.it • €€ • Cerrado ma., 1 de enero, 1 de mayo y 25 de diciembre • Metro: Barberini, Línea A o Cavour, Colosseo, Línea B • Autobuses: 60, 64, 70

■ EXCAVACIONES DE SAN PEDRO
Enterrado a 9 m debajo de la Basílica de San Pedro (ver págs. 135-136), hay un cementerio desde la época romana. La visita subterránea comienza en una necrópolis pagana, con mausoleos de ladrillo dispuestos a lo largo de un antiguo camino. Estucos, mosaicos y mármoles están bien conservados. El recorrido pasa por una tumba supuestamente de San Pedro. El Vaticano reclamó las reliquias cuando fueron descubiertas en este sitio a mediados del siglo XX.

Piazza San Pietro, Città del Vaticano • www.scavi.va • 06 6988 5318 • Es necesario reservar en scavi@fsp.va o en la Oficina de Excavación (entrada a la izquierda de a columnata de Bernini); no se permiten niños menores de 15 años. • €€€ • Cerrado sá. tarde, do. y días festivos • Metro: Ottaviano, Línea A • Autobuses: 32, 34, 40, 46, 62, 81, 982, 990

De Letrán a las Termas de Diocleciano

Las vertientes superiores del Quirinal, Viminal, Esquilino y Celio nos dan la oportunidad de admirar el arte y la arquitectura católicos. Dos de los destinos de peregrinación más importantes de Roma se mezclan con la mayor colección de frescos antiguos en el museo del Palazzo Massimo alle Terme. Esta zona representa todos los períodos históricos importantes, desde la antigüedad hasta la era moderna, con magníficos monumentos frecuentados, sobre todo, por romanos y peregrinos. La visita comienza en la iglesia barroca Santa Maria della Vittoria.

◄ **Monjas arrodilladas rezan a San Giovanni in Laterano, en la catedral de Roma.**

ITINERARIO **A PIE**

❶ Santa Maria della Vittoria
(ver pág. 76) **Cerca de una
concurrida intersección, la fachada
de travertino de la iglesia da acceso
a un opulento interior de estilo
barroco, famoso por su capilla, de
Gian Lorenzo Bernini. Toma la Via
Vittorio Emanuele Orlando en
dirección sureste hasta la Piazza
della Repubblica.

❷ Terme di Diocleziano (ver
págs. 76-77) **Detrás de una pared
curva de ladrillos, las Termas de
Diocleziano (ahora una iglesia) se
abren con un gran espacio vertical
transformado por Miguel Ángel.
Desde la Piazza della Repubblica
dirígete a la Via delle Terme di
Diocleziano en dirección sureste
hacia Largo di Villa Peretti.

❸ Palazzo Massimo alle Terme
(ver págs. 80-81) **El museo alberga
frescos y mosaicos de la antigüedad
muy bien conservados, y una
maravillosa colección de esculturas.
Sal del museo y gira a la izquierda
para tomar la Via del Viminale hasta
el final. Después, gira a la izquierda
en la Via A. Depretis y camina
500 m al sureste.

❹ Santa Maria Maggiore (ver pág. 78)
**Parece que en este lugar de peregrinación se
conservan las reliquias del pesebre de Jesús.
Desde la Piazza Santa Maria Maggiore, toma la
Via Santa Prassede y entra por la puerta lateral
de Santa Prassede.

❺ Santa Prassede
(ver pág. 78) **En su interior hay
espectaculares mosaicos de la
era paleocristiana y un ábside del
siglo XII. Regresa a la Piazza Santa
Maria Maggiore y sigue por la
Via Merulana hacia el sur, hasta
Piazza San Giovanni in Laterano.

❻ San Giovanni in Laterano
(ver págs. 78-79) **La catedral de
Roma ha sido construida y
reconstruida muchas veces
y el resultado es una mezcla
de estilos. Sal por la puerta
principal y toma la Viale Carlo
Felice durante 10 min hasta
la Iglesia de Santa Croce
in Gerusalemme.

**DE LETRÁN A LAS TERMAS DE DIOCLECIANO DISTANCIA: 4,3 KM DURACIÓN:
5 H APROX. ESTACIÓN DE METRO DE INICIO: REPUBBLICA, BARBERINI, LÍNEA A**

DE LETRÁN A LAS TERMAS DE DIOCLECIANO

De Letrán a las Termas de Diocleciano

En la ruta se encuentran numerosas obras maestras barrocas, un balneario transformado en iglesia y otros importantes destinos de peregrinación.

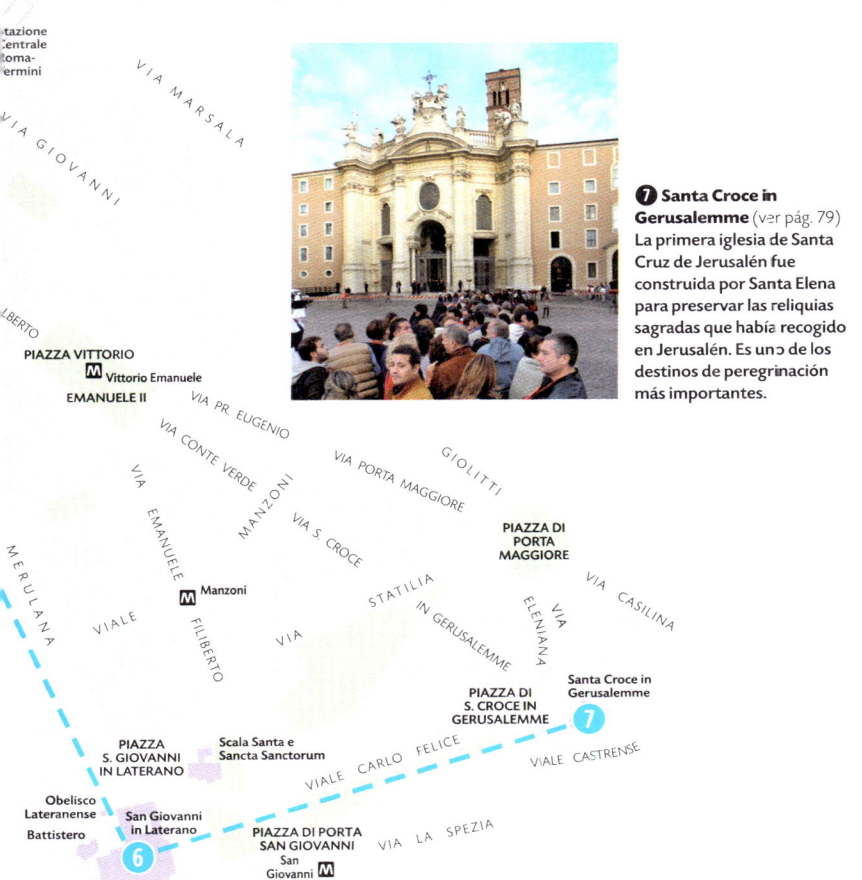

7 Santa Croce in Gerusalemme (ver pág. 79) La primera iglesia de Santa Cruz de Jerusalén fue construida por Santa Elena para preservar las reliquias sagradas que había recogido en Jerusalén. Es uno de los destinos de peregrinación más importantes.

Santa Maria della Vittoria

1 Una explosión de exuberancia barroca te da la bienvenida al entrar en Santa María de la Victoria. El cardenal Scipione Borghese, creador de Villa Borghese (ver págs. 108-109), construyó la iglesia entre 1608 y 1620. El interior está decorado con estuco y adornos dorados. Lo más importante es la **Capilla Cornaro**, al final de la nave izquierda, diseñada por Gian Lorenzo Bernini a finales de la década de 1660, y que alberga la obra maestra *Éxtasis de Santa Teresa*. Esta escultura retrata a Santa Teresa de Ávila, monja española representante de la Reforma Católica, recostada sobre una nube mientras un ángel se prepara para atravesar su corazón con una flecha. La espalda está arqueada y la expresión facial recuerda un estado de éxtasis físico, que expresa placer sensual e inspiración espiritual al mismo tiempo. La familia Cornaro está presente en el bajorrelieve de las paredes laterales de la capilla.

Vía XX Settembre 17 • 06 4274 0571 • Metro: Repubblica, Línea A • Autobuses: 16, 60, 61, 62, 85, 150, 492, 590

Terme di Diocleziano

2 La construcción de las Termas de Diocleciano se inició en el año 298 d. C., durante su reinado, y finalizó en el 306 d. C., durante el de Constancio. El gran complejo termal se extendía por la cima de la colina del Quirinal y se considera una de las estructuras más grandes de la antigüedad tardía. En el siglo XVI, Miguel Ángel transformó parte de las ruinas en la Iglesia de **Santa Maria degli Angeli e dei Martiri.** *(Piazza della Repubblica y Via Cernaia 9, www.santamariadegliangeliroma.it, 06 488 0812).* El interior está

DÓNDE **COMER**

■ **PASTICCERIA REGOLI**
Una pastelería que lleva décadas en activo, como lo demuestra el cartel de época. Excelente para una buena merienda. **Via dello Statuto 60, €**

■ **DA DANILO**
Danilo Valente le da la bienvenida en esta *trattoria* cerca de la Piazza Vittorio Emanuele II, mientras en la cocina se preparan platos clásicos romanos. La carbonara y la pasta con queso y pimienta negra están entre los mejores platos de la ciudad. **Via Petrarca 13, 06 7720 0111, €€€**

■ **TRATTORIA MONTI**
Un restaurante con una larga historia familiar, cerca de Santa María Maggiore. Sirve platos preparados con mimo, que incluyen pescado y caza procedentes de las Marche. **Via di San Vito 13A, 06 446 6573, €€€**

En el Museo Nacional Romano, en las Termas de Diocleciano, se exponen esculturas romanas paganas.

repleto de imágenes cristianas, pero la altura y las ocho columnas de granito egipcias delatan su función secular original. En el lado oriental del complejo, un **claustro** diseñado por Miguel Ángel contiene hoy una de las colecciones del **Museo Nacional Romano** que incluye antiguas estatuas romanas, frisos, mosaicos y, sobre todo, epígrafes que describen la vida cotidiana de los antiguos romanos.

Piazza della Repubblica y Via Enrico de Nicola 78 • www.museonazionaleromano. beniculturali.it • 06 684 851 • €€ (entrada para todas las salas del museo) • Cerrado lu. • Metro: Termini, Líneas A y B • Autobuses: 40, 64, 66, 84, 75, 82, 90, 90, 92, 170, 223, 310, 360, 649, 714, 910

Palazzo Massimo alle Terme

3 Ver págs. 80-81.

Largo de Villa Peretti 2 • www.museonazionaleromano.beniculturali.it • 06 3996 7700 • €€ • Cerrado lu. • Metro: Termini, Líneas A y B • Autobuses: 16, 38, 40, 50, 64, 66, 75, 82, 85, 90, 92, 170, 223, 310, 360, 649, 714, 910

Santa Maria Maggiore

4 Santa María la Mayor fue construida en el Esquilino después de una nevada milagrosa en agosto del año 356 d. C. Durante la Edad Media, la iglesia se restauró de forma radical. Según la tradición, el techo se pintó con oro del Nuevo Mundo que la reina Isabel de España había regalado al papa. Esta iglesia se convirtió en el lugar de descanso final de numerosos miembros de la nobleza romana y del escultor y arquitecto Gian Lorenzo Bernini, cuya tumba se encuentra casi al final de la nave derecha. Cerca está la **Capilla Sixtina**, encargada por Sixto V, donde está su imponente monumento funerario de mármol del siglo XVI.

Piazza di Santa Maria Maggiore • 06 6988 6800 (sacristía), 06 6988 6802 (museo) • Metro: Termini, Líneas A y B • Autobuses: 50, 75, 105, 150, 360, 590, 649, 714, 717

UNA **CURIOSIDAD**

La milagrosa nevada que cubrió el edificio de Santa María la Mayor en el Esquilino se celebra cada año con la Fiesta de Nuestra Señora de las Nieves. El 5 de agosto, los romanos recuerdan las nevadas y organizan espectáculos de luces.

Santa Prassede

5 A menudo los visitantes se la pasan por alto porque solo abre para las visitas durante algunas horas del día. La Iglesia de Santa Prassede es un triunfo del arte y la arquitectura medievales. La iglesia actual data del año 820 aproximadamente. Los mosaicos en la **Capilla de San Zenón**, en la nave derecha, representan a Cristo, la Virgen y los santos en estilo bizantino; una rareza en Roma. El mosaico del ábside muestra a Jesús rodeado por santos, incluido el papa Pascual I (patrón de la iglesia) en el siglo IX, sosteniendo una maqueta de la basílica. Debajo del altar mayor, un antiguo sarcófago de mármol conserva las reliquias de Santa Práxedes y su hermana, Santa Pudenciana.

Via di Santa Prassede 9A • 06 488 2456 • Metro: Termini, Líneas A y B • Autobuses: 71, 360, 590

San Giovanni in Laterano

6 Contrariamente a la creencia popular, la Basílica de San Pedro no es la catedral de la diócesis de Roma, sino que lo es la de San

Juan de Letrán (San Giovanni in Laterano), sede del obispo de Roma (que también era el papa) desde el siglo IV. Fue construida por el emperador Constantino como la primera basílica cristiana en Roma en las tierras confiscadas a la familia de Letrán. Hasta el siglo XIV formó parte de una gran propiedad donde vivían los pontífices y se reunía la corte papal. Entra por la magnífica puerta oriental, que fue recuperada del Foro Romano en 1660 según órdenes del papa Alejandro VII. Francesco Borromini fue responsable de restaurar y rediseñar los interiores en el siglo XVII. En la intersección de la nave, en el crucero, el **cimborrio** contiene las reliquias de San Pedro y San Pablo, cuyos cráneos se conservan en las cajas doradas del monumento. El crucero está decorado con **pinturas manieristas del siglo XVI** de Cavalier d'Arpino, Orazio Gentileschi y Cesare Nebbia. Desde aquí se accede al tranquilo **claustro del siglo XII** con elegantes columnas enroscadas y con incrustaciones.

Piazza San Giovanni in Laterano • www.vatican.va/content/vatican/es.html • 06 6988 6433 • Metro: San Giovanni, Línea A • Autobuses: 81, 85, 87, 117, 350, 590 • Tranvía: 3

Santa Croce in Gerusalemme

7 Santa Elena, madre del emperador Constantino, construyó la iglesia original de Santa Cruz de Jerusalén alrededor del año 320 d. C. La estructura actual es una construcción posterior, del siglo XVIII, pero las reliquias aún siguen allí. Al final de la nave izquierda, se encuentra la **Capilla de las Reliquias**, que alberga los restos de la Vera Cruz y tesoros similares, como dos de las espinas de la corona de Jesús. La Escalera Santa es un importante punto de peregrinación para muchos fieles, que suben rezando arrodillados por los escalones.

Piazza di Santa Croce in Gerusalemme 12 • www.santacroceroma.it • 06 7061 3053 • Metro: San Giovanni, Línea A; Lodi, Línea C • Autobuses: 50, 105, 649

El cimborrio gótico del siglo XIV, magníficamente decorado, que cubre el altar mayor de San Juan de Letrán contrasta con el estilo barroco del interior.

Palazzo Massimo alle Terme

Obras maestras y frescos de bronce y mármol se combinan en una de las colecciones de antigüedades más extraordinarias del mundo.

Los frescos de Villa Livia representan una sorprendente variedad de árboles y plantas.

Teniendo en cuenta el gran número de colecciones existentes en Roma, puede ser difícil elegir, pero el Palazzo Massimo alle Terme y las obras maestras que expone merecen una visita: el edificio neoclásico del siglo XIX se convirtió en el principal de los cuatro museos nacionales de Roma en 1998 y contiene extraordinarias pinturas murales de las villas republicanas (e imperiales) de Roma y sus alrededores, además de asombrosas esculturas y algunos bronces y una rica colección de mosaicos.

■ EL PRIMER EMPERADOR

Entre las estatuas de los emperadores destaca una de finales del siglo I, situada en el primer piso, que representa a **Augusto como pontífice máximo**. De porte elegante, viste una toga drapeada y lleva sobre la cabeza un velo, como exige el sacerdocio.

■ ESCULTURA CLÁSICA

La estatua de bronce **El boxeador en reposo,** en posición sentada, exhausta y herida, con el rostro marcado por los golpes recibidos y la edad, se atribuye a un escultor griego probablemente activo en el siglo II a. C. Esta conmovedora obra provoca una gran compasión por su tema. Entre las otras obras maestras hay copias romanas de originales griegos, como el **Discóbolo**, un modelo de perfección atlética, y el **Hermafrodito durmiente**.

■ NUMISMÁTICA

En el sótano, la colección de medallas (el *Medagliere*) expone solo una parte de la colección del Museo Nacional, una de las más importantes del mundo sobre este tema. Iniciada en el siglo XIX, hoy cuenta con medio

millón de piezas de un larguísimo tiempo, desde el siglo IX a. C. hasta la unificación de Italia.

■ SARCÓFAGO DE PORTONACCIO

Un enorme **sarcófago de mármol**, encontrado cerca del distrito de Portonaccio y esculpido hacia el año 180 d. C., narra meticulosamente una furiosa batalla entre romanos y bárbaros. Fue creado para Aulc Giulio Pompilio, quien luchó en las campañas militares durante el reinado del emperador Marco Aurelio.

■ FRESCOS

En el segundo piso hay frescos de **Villa Livia** de Prima Porta y **Villa della Farnesina** del Trastevere. Los frescos del *triclinium* (comedor) de Villa Livia representan pinos, robles, árboles frutales y flores, primeros ejemplos de pintura de jardines.

Largo di Villa Peretti 1 • www.museonazionaleromano.beniculturali.it • 06 3996 7700 • €€ • Cerrado lu.
• Metro: Termini, Líneas A y B • Autobuses: 38, 40, 50, 64, 66, 75, 82, 85, 90, 92, 170, 223, 310, 360, 649, 714, 910

La ciudad barroca

El estilo barroco del siglo XVII, caracterizado por fuertes emociones, dinamismo y monumentalidad, encontró en Roma el lugar ideal para expresarse. Con el patrocinio de los pontífices, los principales escultores y arquitectos de la época cambiaron para siempre el aspecto de la ciudad con elaboradas iglesias, esculturas y plazas.

Los principales creadores fueron Gian Lorenzo Bernini, con un talento excepcional que le permitió crear su primera escultura a los 11 años, y Francesco Borromini.

La luz que entra por una ventana llega al dramático *Éxtasis de Santa Teresa* de Gian Lorenzo Bernini (arriba). Borromini embelleció los interiores de San Juan de Letrán en 1646 (derecha).

El arquitecto del papa

En 1629, el papa Urbano VIII, de la poderosa familia Barberini, encargó a Bernini la decoración de la recién terminada **Basílica de San Pedro** (ver págs. 135-136). Aquí Bernini dejó una huella barroca imborrable en el diseño de Carlo Maderno, con el gran dosel de bronce sobre el altar y una enorme estatua de mármol de Longino en uno de los pilares que sostienen la cúpula y la tumba de bronce y mármol de Urbano. Para llegar a la basílica hay que cruzar la gigantesca y barroca **Piazza San Pietro** (ver págs. 134-135), un gran proyecto arquitectónico también de Bernini. Otra de sus obras es el famoso *Éxtasis de Santa Teresa* en la Iglesia de **Santa Maria della Vittoria** (ver pág. 76), un magnífico ejemplo de su capacidad para plasmar una forma fluida y vital en el mármol. La escultura revela el desafío de la Iglesia católica frente a la Reforma protestante. El vigor y la intensidad del arte promueve y exalta la importancia suprema del papa y de la Iglesia.

El genio Borromini

Solo un año más joven que Bernini, el artista nacido en Suiza, Borromini, diseñó por primera vez en solitario la Iglesia de **San Carlo alle Quattro Fontane** (ver pág. 90). La fachada ondulada de la iglesia sigue siendo una expresión perfecta de la energía inspirada del estilo barroco. Posteriormente le encargaron las iglesias de **Sant'Agnese in Agone** (ver pág. 123) y de **San Juan de Letrán** (ver págs. 78-79). Otra obra maestra de Borromini es la **Sant'Ivo alla Sapienza**, escondida al este de la Piazza Navona, con planta en forma de estrella, muros curvos que siguen el perímetro y una cúpula en espiral. Con una actitud más inquieta que la de su rival Bernini, Borromini se suicidó en 1667.

PEQUEÑAS **IGLESIAS**

Algunas iglesias barrocas son pequeñas obras maestras que no debes perderte.

San Carlo alle Quattro Fontane, en el Quirinal (ver pág. 90). Borromini creó una joya arquitectónica que podría contener un solo pilar de la cúpula de San Pedro

Sant'Andrea al Quirinale, también sobre el Quirinal (ver págs. 90-91). Bernini la diseñó por pasión y rechazó obtener una compensación.

Sant'Ivo alla Sapienza, entre el Panteón y la Piazza Navona. Borromini la diseñó como capilla de la Universidad de Roma.

DE LETRÁN A LAS TERMAS DE DIOCLECIANO

Los obeliscos

En el antiguo Egipto, había monolitos de granito a ambos lados de las entradas de los templos, a menudo con inscripciones jeroglíficas. El primero de estos obeliscos llegó a Roma en el siglo I a. C. como trofeo de guerra de Augusto, tras la conquista de Egipto.

■ PIAZZA SAN GIOVANNI IN LATERANO

Tallado en granito de Asuán, el obelisco egipcio más antiguo de Roma se remonta al 1400 a. C. y originalmente estaba ubicado en el templo de Amón en Tebas, a orillas del Nilo. En el año 357 d. C., el emperador Constantino II lo llevó a Roma para embellecer el Circo Massimo (ver págs. 166-167) donde, con el paso del tiempo, cayó, se rompió en tres pedazos y quedó enterrado bajo los escombros. Fue redescubierto en la década de 1580 en el período del papa Sixto V, quien lo restauró y lo trasladó a esta plaza.

■ PIAZZA DEL POPOLO

El emperador Augusto llevó el obelisco Flaminio del 1400 a. C. a Roma en el año 10 a. C. para celebrar el 40 aniversario de su conquista de Egipto. Inicialmente estuvo ubicado en el Circo Massimo. El papa Sixto V lo trasladó a su ubicación actual en 1589.

■ PIAZZA TRINITÀ DEI MONTI

Ubicado en la cima de la Escalinata de Trinità dei Monti, el obelisco Salustiano es un diseño romano inspirado en los obeliscos egipcios, probablemente construido para decorar el hipódromo alrededor del año 270 d. C.

■ PIAZZA NAVONA

Una copia romana de un obelisco egipcio fue colocada en tres sitios diferentes. El emperador Domiciano lo encargó en el siglo I d. C. para un templo dedicado al dios greco-egipcio Serapis en el Quirinal. En el siglo IV, el emperador Majencio lo trasladó a su propio circo en la Via Apia (ver pág. 68). En 1648, el papa Inocencio X lo trasladó a la Piazza Navona para que fuera el punto focal de la Fuente de los Cuatro Ríos de Bernini.

■ PIAZZA DELLA MINERVA

Frente a la Iglesia de Santa Maria sopra Minerva, sobre un elefante de mármol blanco diseñado por Bernini, se alza un pequeño obelisco de granito de Asuán del siglo VI a. C. El emperador Domiciano llevó el obelisco a Roma en el siglo I. En 1655 fue redescubierto en el lugar del Templo de Isis en el Campo de Marte.

■ PIAZZA MONTECITORIO

El faraón Psamético II encargó este obelisco de 31 m de altura en el siglo VI a. C. y el emperador Augusto lo trasladó a Roma en el año 10 a. C. como gnomon del Reloj de Augusto en el Campo de Marte. El papa Pío VI lo restauró y reconstruyó frente al Palacio de Montecitorio en 1792.

■ PIAZZA SAN PIETRO

Según la tradición, San Pedro sufrió el martirio cerca de este obelisco hacia el año 67 d. C. Fue tallado en Egipto, aunque para los romanos originalmente estaba en Alejandría. El emperador Calígula lo llevó a Roma en el año 37 d. C. para decorar el Circo Vaticano (ver pág. 69), donde permaneció incluso durante la Edad Media. En 1585, el papa Sixto V lo trasladó unos metros, para que quedara en el centro, frente a la Basílica de San Pedro, una vez terminada la fachada.

El obelisco de la Piazza del Popolo estuvo alguna vez en Heliópolis, una importante ciudad del antiguo Egipto.

Del Quirinal a Via Veneto

El Quirinal, la colina más alta de Roma, siempre ha sido un centro político. Los ministerios y las embajadas se alinean en la estrecha y recta Via XX Settembre, que va desde la puerta noreste de Roma hasta el Palacio del Quirinal. Sin embargo, caminar por las calles y plazas del Quirinal es una forma de saborear la intensidad de la vida política del siglo XVII (más que la moderna). Los palacios barrocos y las iglesias repletas de obras de arte expresan el poder y la opulencia de la Iglesia, centro del poder político de la época. Los papas se trasladaron al Quirinal desde su hogar insalubre a orillas del río a finales del siglo XVI y gobernaron desde el Palacio del Quirinal hasta la unificación de Italia, que los obligó a regresar al Vaticano en 1870. La monarquía ocupó el palacio hasta 1946, cuando pasó a ser sede del presidente de la República.

◄ **La Fontana di Trevi de
Niccolò Salvi, descrito
por Charles Dickens
como «una vista y un
sonido argentino».**

Del Quirinal a Via Veneto

*Impresionantes vistas de Roma se combinan con la arquitectura barroca
en un paseo por las calles más famosas de la ciudad.*

❽ Santa Maria della Concezione dei Cappuccini (ver págs. 92-93)

Enfréntate al concepto de mortalidad en la extraordinaria cripta de esta iglesia, antes de perderte en Via Veneto.

❾ Via Veneto (ver pág. 93)

Disfruta de un café o un aperitivo en esta calle, antaño sinónimo de la *dolce vita*.

❼ Palazzo Barberini (ver págs. 94-95)

Después de admirar las obras de los maestros italianos en este magnífico palacio, dirígete al extremo sur de Via Veneto.

❻ Fontana di Trevi (ver pág. 92)

Respira hondo y disfruta de la verdadera audacia de la arquitectura romana. Luego escápate de la multitud

VIA DI PORTA PINCIANA

VIA VITTORIO VENETO

Porta
Pinciana

LUDOVISI

VIA

VIA VITTORIO VENETO

VIA LEONIDA BISSOLATI

Via Veneto ❾

VIA SISTINA

VIA FRANCESCO CRISPI

Santa Maria
della Concezione
dei Cappuccini ❽

Fontana
delle Api

Barberini Ⓜ

**PIAZZA
BARBERINI**

Fontana del Tritone

TRITONE

VIA DELLE

BARBERINI

VIA

Palazzo
Barberini ❼

LARGO DI
SANTA SUSANNA

Fontana
dell'Acqua Felice

X. SETTEMBRE

**PIAZZA
SAN
BERNARDO**

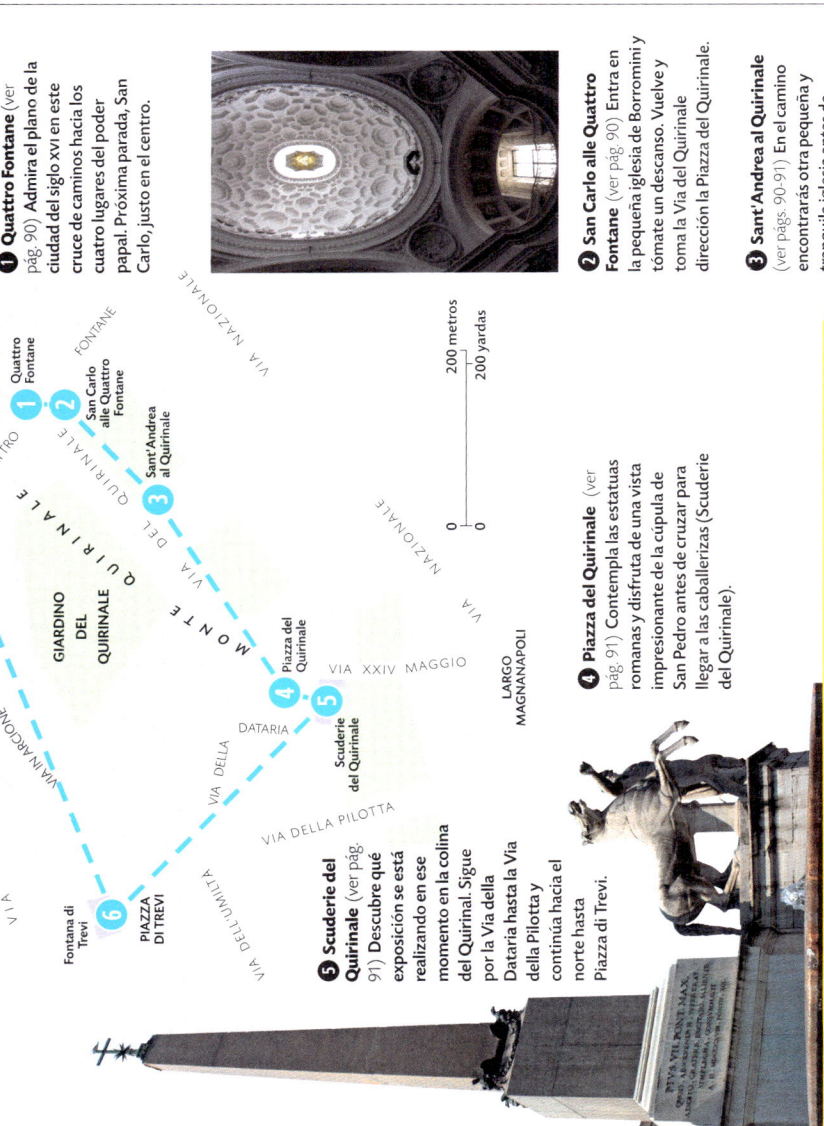

1 Quattro Fontane (ver pág. 90) Admira el plano de la ciudad del siglo XVI en este cruce de caminos hacia los cuatro lugares del poder papal. Próxima parada, San Carlo, justo en el centro.

2 San Carlo alle Quattro Fontane (ver pág. 90) Entra en la pequeña iglesia de Borromini y tómate un descanso. Vuelve y toma la Via del Quirinale dirección la Piazza del Quirinale.

3 Sant'Andrea al Quirinale (ver págs. 90-91) En el camino encontrarás otra pequeña y tranquila iglesia antes de afrontar el último tramo de carretera hacia la plaza.

4 Piazza del Quirinale (ver pág. 91) Contempla las estatuas romanas y disfruta de una vista impresionante de la cúpula de San Pedro antes de cruzar para llegar a las caballerizas (Scuderie del Quirinale).

5 Scuderie del Quirinale (ver pág. 91) Descubre qué exposición se está realizando en ese momento en la colina del Quirinal. Sigue por la Via della Dataria hasta la Via della Pilotta y continúa hacia el norte hasta Piazza di Trevi.

VIA NAZIONALE

FONTANE

Quattro Fontane

San Carlo alle Quattro Fontane

Sant'Andrea al Quirinale

VIA DEL QUIRINALE

QUIRINALE

MONTE

VIA DEL QUIRINALE

GIARDINO DEL QUIRINALE

Piazza del Quirinale

VIA NAZIONALE

VIA XXIV MAGGIO

DATARIA

Scuderie del Quirinale

LARGO MAGNANAPOLI

VIA DELLA PILOTTA

VIA DELLA

VIA DELL'UMILTÀ

Fontana di Trevi

PIAZZA DI TREVI

VIA IN ARCIONE

0 ___ 200 metros
0 ___ 200 yardas

DEL QUIRINAL A VIA VENETO   DISTANCIA: 2,9 KM APROX.   DURACIÓN: 8,5 H APROX.   ESTACIÓN DE METRO DE INICIO: BARBERINI, LÍNEA A

DEL QUIRINAL A VIA VENETO

ITINERARIO A PIE | **89**

Quattro Fontane

1 Cuatro pequeñas fuentes, cada una con una deidad reclinada, marcan la intersección de dos calles y datan de finales del siglo XVI, cuando el papa Sixto V rediseñó la ciudad. Este es el punto más alto de la colina del Quirinal, con una vista asombrosa del **Palazzo del Quirinale, Santa Maria Maggiore** y **Trinità dei Monti**, todo caracterizado por un obelisco**.**

Via delle Quattro Fontane (Via del Quirinale) • Metro: Barberini, Línea A • Autobuses: 60, 70, 170

San Carlo alle Quattro Fontane

2 Primera obra independiente de Francesco Borromini (encargada en 1634, pero terminada en 1646), esta iglesia es una joya barroca, cariñosamente llamada «San Carlino». Con el aprovechamiento de un espacio muy pequeño, el genio matemático Borromini está presente en la planta elíptica y los detalles arquitectónicos: conchas y flores transfiguran nichos y ábsides; los capiteles compuestos están colocados de manera desigual pero simétrica y con espléndidos estucos decoran la cúpula. Los edículos esculpen el espacio y realzan las líneas curvas del interior. No te pierdas el tranquilo claustro adosado a la iglesia, otro magnífico lugar con formas originales.

Via delle Quattro Fontane 23 • 06 4890 7729 • Metro: Barberini, Línea A • Autobuses: 60, 70, 170

Sant'Andrea al Quirinale

3 Terminada en 1670, la iglesia de Sant' Andrea fue el edificio favorito del prolífico arquitecto Gian Lorenzo Bernini y una respuesta a la obra anterior de su rival Borromini, la Iglesia de San Carlino. Los promotores de la iglesia de Sant' Andrea fueron los jesuitas adinerados y no escatimaron en gastos a la hora de crear un lugar de culto para los más poderosos de Roma: los cardenales que vivían en el Quirinal cerca del papa. Bernini utilizó todas las técnicas posibles: espléndidos mármoles, querubines de estuco que asomaban desde los frontones y una luz escenográfica procedente de las ventanas, para conseguir una experiencia religiosa sensorial. El retablo representa a San Andrés crucificado.

Via del Quirinale 29 • 06 474 4801 • Metro: Barberini, Línea A • Autobuses: 40, 64, 70, 170

La balaustrada que rodea la Piazza del Quirinale está decorada con una serie de estatuas.

Piazza del Quirinale

4 La plaza gira en torno a un gran **obelisco**, flanqueado por las **estatuas romanas de Cástor y Pólux** en mármol, del siglo IV, procedente de las Termas de Constantino. Junto con otro que está en el Esquilino, fue la entrada del Mausoleo de Augusto. Detrás del grupo escultórico se encuentra el **Palazzo del Quirinale** *(www.quirinale.it, 06 3996 7557, cerrado lu. y ju., se requiere reserva con cinco días de antelación)*, cuyo diseño actual se remonta a la década de 1730. Fue residencia oficial de la monarquía italiana y, desde 1946 es sede del presidente de la República; el lugar político más importante de Roma.

Vía XXIV Maggio • Metro: Repubblica, Línea A • Autobuses: 40, 60, 64, 70, 170

Scuderie del Quirinale

5 Las caballerizas papales, terminadas en 1732, se han restaurado y rediseñado en el interior recientemente. El edificio es ahora uno de los lugares culturales más importantes de Roma y se puede visitar cuando hay exposiciones.

Vía XXIV Maggio 16 • www.scuderiequirinale.it • 06 9289 7722 • €€ • Metro: Repubblica, Línea A • Autobuses: 40, 64, 70, 170

Fontana di Trevi

6 Enclavada entre calles estrechas, la fantástica e inmensa Fontana di Trevi, encargada por el papa Clemente XII en 1732, se inserta perfectamente en la Ciudad Eterna. El agua fluye de Agua Virgo, un importante acueducto antiguo que debe su nombre a la pureza del agua. Su **bajorrelieve** ilustra la leyenda según la cual los romanos descubrieron la fuente con la ayuda de una joven, sin métodos científicos clásicos. La figura central, **Oceano**, está flanqueado por **estatuas de la abundancia y de salubridad**. Se dice que quien bebe de esta agua regresará a Roma, y esto puede haber dado lugar a la leyenda moderna de que quien arroje una moneda (a sus espaldas) volverá a visitar la capital. El desconocido Niccolò Salvi, autor del proyecto, murió por problemas de salud derivados de pasar demasiado tiempo en los húmedos túneles subterráneos.

Via delle Muratte • Metro: Barberini, Línea A • Autobuses: 51, 53, 62, 63, 80, 85, 117, 160, 492, 628

Palazzo Barberini

7 Ver págs. 94-95

Via delle Quattro Fontane 13 • www.barberinicorsini.org • 06 32810 • €€ • Cerrado lu., 1 de enero y 25 de diciembre • Metro: Barberini, Línea A • Autobuses: 53, 61, 62, 63, 80, 81, 83, 160, 492, 590

Santa Maria della Concezione dei Capuccini

8 Entre las obras de arte presentes en esta iglesia está *San Miguel Arcángel* de Guido Reni, que lo retrata cazando a Lucifer, y en el convento que hoy sirve de museo está *San Francisco en oración* de Caravaggio, que ilustra al santo observando una calavera. Hoy en día quizá muchos visitantes se sientan atraídos por los cráneos y esqueletos conservados en la cripta, donde se

Los esqueletos de ocho frailes vestidos con el hábito aparecen en la cripta de Santa Maria della Concezione.

encuentran los **huesos de 4000 frailes** colocados en un mosaico que va desde el suelo hasta el techo. Esta cripta, creada entre 1631 y 1870, es la expresión extrema del culto a la muerte, y el visitante es recibido por una inscripción que dice: «Fuimos lo que tú eres, y lo que somos tú serás».

Via Vittorio Veneto 27 • museoecriptacappuccini.it/es/ • 06 8880 3695 • € (entrada válida para el museo y la cripta) • Metro: Barberini, Línea A • Autobuses: 53, 63, 80, 150, 160

Via Veneto

Durante la década de 1960, Via Veneto (nombre completo Via Vittorio Veneto), que Federico Fellini hizo famosa en la película *La dolce vita*, personificó el estilo italiano y se convirtió en un destino para estrellas de cine y otras celebridades. Actualmente, los grandiosos edificios de Via Veneto albergan embajadas y oficinas gubernamentales y, aunque la alta sociedad es solo un recuerdo, en esta zona te puedes tomar una copa (a precios muy altos) en alguno de los cafés al aire libre e imaginar el pasado glorioso de esta calle.

Entre Porta Pinciana y Piazza Barberini • Metro: Barberini, Línea A • Autobuses: 53, 63, 80, 150, 160

Palazzo Barberini

*El magnífico palacio barroco alberga maravillosas
obras de arte y joyas arquitectónicas.*

La Galería es una visita obligada para los amantes del arte antiguo, renacentista y barroco.

Tras la elección de Maffeo Barberini que llegó al poder y al trono papal en 1624,
la familia Barberini ordenó construir uno de los palacios más majestuosos de
Roma entre 1625 y 1633. Eligieron para ello al gran arquitecto Carlo Maderno,
pero como en aquella época ya era muy anciano, los más recordados son sus dos
ayudantes que culminaron el proyecto tras su muerte: Bernini y Borromini.
Desde 1953 el edificio alberga los tesoros de la Galería Nacional de Arte
Antiguo.

■ SALÓN DE PIETRO DA CORTONA

Diseñado por Bernini, este salón era la sala de espera más grande de Roma. Pietro da Cortona decoró el techo entre 1632 y 1639 con un magnífico fresco ilusionista: *El triunfo de la divina providencia.* Para promocionar la elección de Maffeo Barberini como papa Urbano VIII, Pietro creó una obra maestra del estilo barroco más imaginativo: el techo parece abrirse al cielo, donde un vórtice de figuras sostiene las llaves de San Pedro y una tiara, símbolo del papado, alrededor de tres abejas, símbolo de los Barberini.

■ ESCALERA DE CARACOL

Quizá lo más bello del palacio, es **la escalera helicoidal** de Borromini estéticamente simple pero estructuralmente compleja. No te pierdas **el busto de Urbano VIII** de Bernini.

■ *LA FORNARINA* DE RAFAEL

Es una de las últimas obras de Rafael, antes de su temprana muerte en 1520. Se cree que la retratada fue su amante, Fornarina, la hija de un panadero del

Trastevere que está sentada con poca ropa sobre un fondo oscuro, iluminado solo por la luna. La mano izquierda parece ocultar lo que la túnica roja no puede y el nombre del artista está escrito en el brazalete.

■ EL OSCURO REALISMO DE CARAVAGGIO

Aquí se expone *Judit y Holofernes* (ca. 1599) de Caravaggio, una pintura violenta y realista, encargada por el banquero Ottavio Costa. El episodio bíblico de la decapitación del líder asirio (momento en el que Judit salvó a los judíos) se transforma en un brutal asesinato con una innegable implicación sexual, probablemente porque Judit era una de las prostitutas más famosas. Una obra menos inquieta es *Narciso* que está inspirada en el mito que advierte contra la vanidad.

Galleria Nazionale d'Arte Antica di Palazzo Barberini • Via delle Quattro Fontane 13 • www.barberinicorsini.org • 06 6880 2323 • €€ • Cerrado lu., 1 de enero y 25 de diciembre • Metro: Barberini, Línea A • Autobuses: 53, 61, 62, 63, 80, 81, 83, 160, 492, 590

Fuentes y acueductos

El extenso sistema de acueductos construido por los romanos llevaba agua desde manantiales en el campo hasta 90 km de distancia para los baños públicos, fuentes, letrinas y las casas de los más poderosos de la ciudad. Siglos más tarde, los sucesivos papas embellecieron Roma para conseguir mayor prestigio reconectando antiguos acueductos y construyendo nuevas fuentes bellamente decoradas para proporcionar agua potable a la población.

La Fuente del Tritón de Bernini debe su nombre a la figura mitológica que es mitad hombre y mitad pez (arriba). La Fuente de Neptuno (derecha), que lleva el nombre del dios del mar, en la Piazza Navona data del año 1574.

El oficial romano Apio Claudio el Ciego, que también construyó la Via Appia, encargó el primer acueducto en el año 312 a. C. En el apogeo del Imperio romano había once magníficas estructuras que convergían en la capital. Más tarde, debido al abandono o destrucción durante los asedios, el suministro de agua disminuyó, y solo quedó en funcionamiento un acueducto, el Aqua Virgo. Los grandes acueductos estuvieron en mal estado durante casi un milenio, hasta mediados del siglo XV, cuando el papa Nicolás V inició la renovación del Aqua Virgo, que traía agua desde las zonas del noreste de Roma.

Fuentes en abundancia

Los acueductos renovados consiguieron una relativa abundancia de agua, y podía extraerse de fuentes públicas. Entre las más antiguas se encuentra la octogonal de la **Piazza di Santa Maria en el Trastevere**, creada por el arquitecto Donato Bramante a finales del siglo XV y que hoy en día sigue siendo un punto de referencia. Con el tiempo, las fuentes cada vez eran más elaboradas. En el siglo XVII, el escultor Gian Lorenzo Bernini diseñó, o ayudó a diseñar, muchas de las más bellas, como la **Fontana dei Quattro Fiumi** y la **Fontana del Moro** en la Piazza Navona (ver pág. 123), y la **Fontana del Tritone** en la Piazza Barberini. Algunas se crearon reciclando materiales antiguos. En Via Giulia, la **Fontana del Mascherone**, de 1626, incluye un mascarón de mármol del que brota agua hacia una piscina termal de granito, ambas de origen romano.

La tradición continúa

En 1927, el arquitecto Pietro Lombardi diseñó algunas fuentes como la triangular **Fontana degli Artisti** en Via Margutta, con forma de dos caballetes, y la pequeña **Fontanella della Tiare,** cerca del Vaticano, compuesta por tres tocados papales.

SITIOS DE **ACUEDUCTOS**

Arco di Druso Este arco, que data de principios del siglo III d. C., formaba parte de un acueducto más grande construido para abastecer las termas situadas 800 m al oeste. **Via di Porta San Sebastiano**

Parco degli Acquedotti Este parque público en las afueras del este de Roma debe su nombre a los siete acueductos cuyas ruinas se conservan en él. **Via Lemonia**

Porta Maggiore Este arco formaba parte de un doble acueducto y más tarde se incluyó en las Murallas Aurelianas. **Piazza Labicano**

Tiendas de comida y moda

Roma no ha escapado a las presiones de la globalización y muchas marcas internacionales han ocupado sitios clave en la ciudad. Ha logrado ser uno de los destinos de compras más fascinantes y gratificantes de Europa, especialmente en cuanto a comida y moda.

■ PARAÍSO GASTRONÓMICO

Hay tres puntos clave en la ciudad. **Castroni** es el principal proveedor de alimentos deliciosos. El local original, inaugurado en 1932, está en el lado vaticano de Roma *(Via Cola di Rienzo 196)*, donde disponen de productos de primera calidad, cientos de tipos de té y café y delicias internacionales poco comunes. A pocas manzanas al sur de la hermosa Iglesia de Santa María la Mayor, en el Esquilino, está **Panella** *(Via Merulana 54)* que nació como una panadería de lujo y se ha transformado en una pastelería gastronómica abierta todos los días, de 07:00-21:30 h, para aquellos que buscan algo rápido. Más al sur, está la **Salumeria Volpetti** *(Via Marmorata 47)* que tiene fama de ser el mejor sitio gastronómico del Testaccio. Es un templo de los sabores del pasado, una tienda familiar especializada en embutidos y quesos. Al este de Via XX Settembre, **Trimani** *(Via Goito 20)*, vende los mejores vinos y licores italianos e internacionales desde 1821. Con una bodega de más de 4500 marcas, es casi una de las tiendas de vinos mejor surtidas de la capital. Para aquellos que quieran probar una copa (o dos) antes de comprar, pueden ir a **Trimani Wine Bar** *(Via Cernaia 37)*, justo a la vuelta de la esquina.

■ TIENDAS DE LUJO

La zona comercial más lujosa de Roma se extiende desde la Plaza de España hasta Via del Corso y Largo Carlo Goldoni. En la misma plaza está **Valentino** *(núm. 38)*, en Via Condotti dos tiendas **Bulgari** *(núm. 10 y 11A)*. En Largo Carlo Goldoni, está el histórico **Palazzo Fendi** y, unos pasos a la izquierda en la elegante Piazza San Lorenzo en Lucina hay unas cuantas tiendas *outlet* de marcas italianas legendarias y otras marcas internacionales, como **Luis Vuitton**

Las camisas perfectamente alineadas a la venta en una de las muchas tiendas independientes de Roma.

(núm. 41). En **Via del Babuino**, entre la Plaza de España y Piazza del Popolo encontrarás muchas tiendas de lujo italianas, francesas, inglesas y españolas. Aquí también se ubica **Gente**, la primera tienda multimarca que reúne a los grandes nombres de la moda de lujo. En el centro histórico, justo al oeste de la Piazza Navona, en la **Via del Governo Vecchio** hay modestas tiendas de ropa con un estilo particular y retro.

■ MODA Y EXCELENTES PRECIOS
Roma es uno de los lugares clave de la moda italiana, con producciones de sastrería locales que invierten en calidad y estilo más que en visibilidad, lo que las hace perfectas para el entusiasta de la moda que se preocupa por los precios. Hay numerosas tiendas a precios asequibles y distintivas, pero hay que buscarlas con un poco de atención entre las distintas cadenas que también han comenzado a asentarse aquí. Via del Corso, Via Nazionale y Via Cola Di Rienzo son calles para pasear en las que todavía hay pequeñas tiendas interesantes y algunas joyerías artesanales.

De Plaza de España a Villa Borghese

Un barrio ecléctico ubicado entre el Tíber y Villa Borghese, donde iglesias y monumentos antiguos se mezclan con elegantes tiendas y cafés. En la época imperial estaba aquí Campo Marzio, un espacio abierto dividido por la carretera principal que conectaba Roma con el resto de Europa. Su importancia disminuyó en la Edad Media pero la recuperó en el Renacimiento. Posteriormente fue el barrio de inmigrantes, comerciantes, diplomáticos, escritores y artistas en busca de inspiración. En los lugares más altos (los jardines de Villa Borghese y el Pincio) construyeron sus villas la aristocracia, los papas y los nobles renacentistas.

◄ **Como siempre, la Escalinata de Trinità dei Monti es un derroche de colores y personas.**

ITINERARIO **A PIE**

❻ El Pincio (ver pág. 106) No te pierdas las vistas desde la colina donde se divertían los nobles y los papas. Camina por Viale dell'Obelisco en el parque Villa Borghese y luego dirígete hacia el norte.

❼ Villa Giulia (ver págs. 106-107) Los tesoros etruscos son la joya de esta antigua residencia papal. Viale delle Belle Arti te lleva al corazón del parque Villa Borghese.

❺ Santa Maria del Popolo (ver págs. 105-106) Pinturicchio fue uno de los artistas que contribuyeron a la espectacularidad de esta iglesia, una miniatura de la Basílica de San Pedro. Sube por Viale Gabriele d'Annunzio hasta los jardines del Pincio.

❹ Piazza del Popolo (ver pág. 105) Esta plaza elipsoidal está llena de estatuas e iglesias. Vete hasta la esquina norte.

❸ Keats-Shelley House (ver pág. 105) En esta casa museo, donde vivió y murió John Keats, se rinde homenaje al Romanticismo. Sigue por la Via del Babuino hacia el noroeste hasta Piazza del Popolo.

❷ Piazza di Spagna (ver pág. 104) La Escalinata de Trinità dei Monti corona esta plaza. Dirígete hacia el edificio de cuatro pisos al pie de la escalera.

❶ Ara Pacis (ver pág. 104) Restaurado a su antigua gloria, el Altar de la Paz celebra la estabilidad que siguió a las conquistas imperiales de Roma. Sigue por la Via Tomacelli y la Via dei Condotti hacia el este, hasta la Escalinata de Trinità dei Monti.

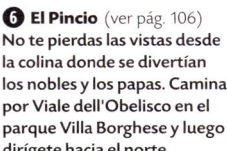

DE PLAZA DE ESPAÑA A VILLA BORGHESE

DE PLAZA DE ESPAÑA HASTA VILLA BORGHESE   DISTANCIA: 5,6 KM DURACIÓN: 8 H APROX. ESTACIÓN DE METRO DE INICIO: SPAGNA, LÍNEA A

De Plaza de España a Villa Borghese

La Escalinata de Trinità dei Monti y las avenidas sombreadas de los jardines de Villa Borghese son las maravillas de un paseo que termina en un altar del sacrificio, iglesias y museos fascinantes.

BIOPARCO

GIARDINO ZOOLOGICO

PARCO DEI DAINI

VIALE GIULIA

VIALE PIETRO CANONICA

VIALE DELL'UCCELLIERA

VIALE DEI CAVALLI MARINI

Galleria Borghese

9

8 PIAZZA DI SIENA

Villa Borghese

BORGHESE

VIALE S PAOLO D BRASILE

VIALE DEL MUSEO

PIAZZA BRASILE

VIA DI PORTA PINCIANA

VIA FRANCESCO CRISPI

9 **Galleria Borghese** (ver págs. 108-109) **Uno de los museos de arte más bellos de Europa ubicado en Villa Borghese que da nombre a los jardines. Expone obras maestras del Renacimiento y el Barroco.**

8 **Villa Borghese** (ver pág. 107) **Como un gran pulmón verde de Roma, el parque ofrece muchos sitios para descansar, relajarse y divertirse. Entra al parque desde la esquina noreste.**

| 0 | 400 metros |
| 0 | 400 yardas |

La maravilla del Ara Pacis reside en los extraordinarios frisos que adornan el exterior. Todos ellos están tallados en mármol de Carrara.

Ara Pacis

1 La Pax Romana originó el nacimiento de este antiguo monumento a orillas del Tíber. Reconstruido en la década de 1930 a partir de objetos encontrados en varios museos, el Altar de la Paz (Ara Pacis) lo encargó el Senado romano como homenaje al emperador Augusto y la paz que siguió a su expansión imperial. La estructura rectangular actualmente está dentro de un museo diseñado por el arquitecto estadounidense Richard Meier e inaugurado en el 2006. El monumento está cubierto de elaborados relieves tallados, como la representación de Augusto y su familia; su inauguración fue en el año 9 a. C. Al otro lado de la calle está el Mausoleo de Augusto, que con sus 90 m de diámetro es la tumba circular más grande del mundo antiguo.

Lungotevere in Augusta • www.arapacis.it/es • 06 06 08 • €€€ • Cerrado 1 de enero, 1 de mayo y 25 de diciembre • Metro: Spagna, Flaminio, Línea A • Autobuses: 30, 70, 81, 87, 301, 628, 913

Piazza di Spagna

2 Debe su nombre a la embajada española que una vez presidió la plaza y es el lugar más de moda para pasear desde hace casi 300 años. El barrio ha atraído a muchas personalidades extranjeras: Lord Byron, Keats, Shelley, Goethe, Ibsen, Oscar Wilde, James Joyce y Hans Christian Andersen, son algunos de los más conocidos que frecuentaban sus restaurantes y cafés. La **escalinata** se añadió en la década de 1720 y conecta la plaza con la iglesia renacentista de **Santissima Trinità dei Monti**. La fuente en forma de barco situada al pie de la escalinata es la Barcaccia, construida aproximadamente un siglo antes.

Entre Via dei Condotti y Via della Croce • Metro: Spagna, Línea A

Keats-Shelley House

3 Situado en el lado sur de la Escalinata de Trinità dei Monti, el edificio de esta casa museo es un lugar muy importante para los fanáticos del movimiento romántico británico del siglo XIX. El poeta John Keats se trasladó aquí en el 1820 y murió de tuberculosis al año siguiente, a los 25 años. Percy Bysshe Shelley vivía cerca y también murió en el 1822 en el mar frente a San Terenzo, cerca de La Spezia. Su memoria sigue viva, como la de otros artistas románticos a través de las colecciones expuestas en este pequeño pero extraordinario museo. Entre los objetos está la máscara mortuoria de Keats y un manuscrito original de Mary Shelley, esposa del escritor y autora de *Frankenstein*.

Piazza di Spagna 26 • www.ksh.roma.it • 06 678 4235 • €€ • Cerrado do. • Metro: Spagna, Línea A

Piazza del Popolo

4 Totalmente peatonal, es una de las plazas más características de la ciudad. Desde aquí parte la Via Flaminia hacia el norte de la Península. En el lado sur de la plaza se ubican las iglesias barrocas gemelas, **Santa Maria dei Miracoli** y **Santa Maria in Montesanto**, que solo se diferencian por la forma de las cúpulas, y flanquean Via del Corso. La blanca **Porte del Popolo** en el lado norte es donde estaba el acceso más importante a Roma durante gran parte de la Edad Media. El arquitecto Giuseppe Valadier concibió la plaza actual a principios del siglo XIX, construyendo las rampas y escalones que conducen al **Pincio** y a un **obelisco** egipcio que una vez estuvo en el Circo Massimo.

Entre Via del Corso y Via Flaminia • Metro: Flaminio, Línea A

Santa Maria del Popolo

5 Rafael (Raffaello Sanzio), Caravaggio y Bramante se encuentran entre los maestros italianos que contribuyeron al diseño de esta iglesia en el lado norte de la Piazza del Popolo. Según la leyenda, la iglesia original se construyó aquí para derrotar al espíritu del emperador Nerón, fallecido hacía mucho tiempo, y que fue enterrado en este lugar. La iglesia se sustituyó por la actual estructura renacentista, encargada por el papa Sixto IV della Rovere en 1472. Entre los numerosos frescos de Pinturicchio, no te pierdas el de la *Adoración del niño* sobre el altar de la Capilla della Rovere. Por otro lado, Rafael diseñó la **Capilla Chigi** para el rico banquero Agostino Chigi y su hermano, donde también se pueden admirar algunas estatuas de Bernini. En la Capilla Cerasi se encuentran dos obras maestras de Caravaggio: *La conversión de San Pablo en el camino a Damasco* y la *Crucifixión de San Pedro*.

Piazza del Popolo 12 • 06 361 0836 • Metro: Flaminio, Línea A

El Pincio

6 La zona verde sobre la Piazza del Popolo, accesible por los grandes escalones, es el jardín de la colina del Pincio, sector occidental de los jardines Villa Borghese, desde donde se tiene una hermosa vista de la plaza y de la ciudad. En muchos sentidos es un mundo en sí mismo, con una serie de bustos de personalidades (en su mayoría patriotas italianos, por orden de Giuseppe Mazzini), un insólito hidrocronómetro y el **Teatro de marionetas San Carlino** (*Viale dei Bambini, Villa Borghese, 329 2967328*). La simetría entre la plaza y el jardín no es casual: Giuseppe Valadier diseñó ambos durante la ocupación francesa de Roma. La **Piazza Napoleone** es un excelente lugar para las vistas del barrio y de San Pedro a lo lejos.

Lado oeste de Villa Borghese • Metro: Flaminio, Línea A

Un tema bíblico inspiró esta fuente del Pincio: la madre de Moisés coloca a su hijo en las aguas del Nilo.

Villa Giulia

7 Construida como residencia de campo para el papa Julio III a mediados del siglo XVI, la villa renacentista es hoy el **ETRU-Museo Nazionale**

Etrusco, un importante escaparate de artilugios regionales anterior al Imperio romano. Entre sus tesoros destaca el etrusco **Sarcófago de los cónyuges**, una representación de terracota muy realista de una pareja casada tumbada en una pose agradable del siglo VI a. C. El edificio, ubicado en la esquina noroeste de Villa Borghese, refleja el extraño estilo de vida de los papas del Renacimiento, especialmente con el **ninfeo** donde Julio III recibía a sus invitados en verano.

Piazzale di Villa Giulia 9, Villa Borghese • 06 322 6571 • €€ • Cerrado lu. • Metro: Flaminio, Línea A

Villa Borghese

8 El cardenal Scipione Borghese, que mandó construir la villa y los jardines que la rodean, acumuló enormes riquezas a principios del siglo XVII gracias a vínculos familiares y a un carácter sin escrúpulos y retorcido. Aquí se encuentra la **Galería Borghese** (ver págs. 108-109). Camina por los senderos del jardín a la sombra de los pinos y admira las estatuas y templos neoclásicos ornamentales. En el centro está el **Jardín del Lago**, y no olvides pasar por la **Fuente de los Sátiros**. En el extremo norte del parque, la **Galería Nacional de Arte Moderno y Contemporáneo** expone una excelente colección de obras de los siglos XIX y XX.

Entre Via Flaminia (al oeste) y Via Pinciana (al este) • Metro: Flaminio, Spagna, Línea A • Autobuses: 61, 89, 160, 490, 495

Galleria Borghese

9 Ver págs. 108-109

Piazzale Scipione Borghese 5 • www.galleriaborghese.beniculturali.it • 06 6723 3753 • €€ • Cerrado lu., 1 de enero y 25 de diciembre • Autobuses: 52, 53, 61, 63, 83, 89, 92

DÓNDE **COMER**

■ ANTICO CAFFÈ GRECO
Casanova, Byron y Wagner eran clientes habituales de este acogedor café cerca de la Escalinata de Trinità dei Monti. El café, el té y el chocolate son sus auténticas especialidades. **Via dei Condotti 84, 06 679 1700, €€**

■CAFFÉ CANOVA-TADOLINI
Lugar de moda entre la Plaza de España y la Piazza del Popolo dedicada a los escultores Antonio Canova y Adamo Tadolini. Ofrece aperitivos, platos de pasta y deliciosos postres. **Via del Babuino 150A, 06 3211 0702, €€€**

■ CASINA VALADIER
El menú de este excelente restaurante ofrece modernos platos de pasta y carne. Pero lo mejor son las vistas y el ambiente romántico. **Piazza Bucarest, Villa Borghese, 06 6992 2090, €€€€**

Galería Borghese

Descrita por el inglés John Evelyn en 1644 como un paraíso de delicias, aquí se encuentra la mejor colección de arte privada del mundo.

Dánae de **Correggio** retrata a la princesa, uno de los amores de Júpiter, junto a Cupido.

Villa Borghese, donde se ubica la Galería Borghese, nació como una «villa de las delicias», un lugar para exponer obras de arte propiedad del cardenal Scipione Borghese (1577-1633), sobrino del papa Pablo V. Scipione acompañaba a sus invitados por los jardines y los sorprendía con copiosos banquetes, espectáculos y su extraordinaria colección. Aunque Napoleón trasladó muchas esculturas al Louvre de París, se conservan aquí las mejores obras renacentistas y barrocas encargadas por Scipione.

◼ MAESTROS ANTIGUOS

Scipione Borghese recopiló obras de todos los grandes artistas. En el primer piso se exponen: *Amor sagrado y amor profano* de Tiziano, *Deposición Borghese* (o *Traslado de Cristo*) de Rafael, y *Venus y Cupido llevando el panal de miel* de Lucas Cranach el Viejo. También son importantes las piezas del siglo XV de Perugino y Antonello da Messina.

◼ LAS OBRAS MAESTRAS DE BERNINI

La planta baja alberga cuatro esculturas del artista favorito del cardenal, Gian Lorenzo Bernini: *Eneas, Anquises y Ascanio* una de las primeras obras, *El rapto de Proserpina, Apolo y Dafne* y el *David* (quizá un autorretrato); obras del esplendor barroco. En el primer piso están los dos **bustos de mármol de Scipione** junto al *Autorretrato de Bernini de 1623*, y *La cabra Amaltea con el niño Júpiter y un fauno*, esculpida (según se cree) por Bernini cuando tenía 13 años.

◼ CARAVAGGIO

En la planta baja se expone *El joven con una cesta de frutas* de Caravaggio, y

otras de sus pinturas. Scipione apoyó al controvertido artista, a pesar de su agitada vida personal. Caravaggio esperaba que este conocido le consiguiera el perdón del papa después de haber huido de Roma por matar a un hombre durante una pelea.

◼ PAOLINA BONAPARTE

Otra obra maestra en la planta baja es la estatua de mármol, creada por Antonio Canova, que representa a la hermana de Napoleón, Paolina, casada con un descendiente de Borghese, el príncipe Camilo. Está representada como una venus semidesnuda, y causó un escándalo cuando se inauguró en 1808. Se le preguntó a Paolina cómo podía posar sin ropa y parece ser que respondió: «Había una estufa que me calentaba».

Piazzale Scipione Borghese 5 • www.galleriaborghese.beniculturali.it • 06 6723 3753 • €€ • Cerrado lu., 1 de enero y 25 de diciembre • Autobuses: 52, 53, 61, 63, 83, 89, 92

La *dolce vita*

Los romanos, rodeados de las glorias de un pasado antiguo y de los mejores ejemplos del arte y la arquitectura del Renacimiento y el Barroco, han desarrollado un fuerte sentido estético, que también expresan al saborear los placeres de la vida. Como dijo el diseñador Gianni Versace: «Decide quién eres y qué quieres expresar a través de tu forma de vestir y de tu forma de vida».

Especialmente durante el verano, las mesas al aire libre de los bares son un atractivo irresistible tanto para los propios romanos como para los turistas.

La exhibición de los romanos

El paseo por la noche es muy habitual entre los romanos, generalmente entre las 19:00-20:00 h, sobre todo en verano, antes de ir a cenar tranquilamente, a la hora romana.

Entre los elegantes bares donde puedes tomar un aperitivo se encuentran el **Canova** *(Piazza del Popolo)* y el **Bar VyTA Farnese** *(Via dei Baullari 106)*, incluso ahora que ha sido adquirida por una cadena; además de otros que están más de moda y son un poco bohemios, como el colorido **Bar del Fico** *(Piazza del Fico 26)*.

Para tomar un helado después de cenar, prueba la **Gelateria del Teatro** *(Via di San Simone 70)*, que dispone de todos los sabores, incluso de chocolate negro con vino tinto Nero d'Avola; o **Claudio Torcè** *(Viale Aventino 59)* y **Gelateria dei Gracchi** *(Via dei Gracchi 272)* que también venden helados deliciosos.

Comida, familia y amigos

La hora de comer, por supuesto, es una oportunidad para disfrutar de la buena comida y pasar tiempo en compañía. Si te apetece salir a cenar, descubre los mejores restaurantes familiares, como **Da Enzo** *(Via dei Vascellari 29)*. También puedes ir al **Caffé Ristorante Ciampini** *(Piazza Trinità dei Monti)* para tomar un postre con unas hermosas vistas.

LA **PELÍCULA**

El título de la película de Fellini de 1960, La *dolce vita,* ha entrado sin traducción en los vocabularios de todo el mundo para expresar el amor por los placeres de la vida. Rodada en una Roma decadente, la película representa el amor del director por esta ciudad, que comenzó cuando llegó con 18 años siendo un joven pobre y hambriento. Quedó cautivado por las vistas y los olores parecidos a los de las queserías o de pan caliente. Además quedó impresionado por la dura realidad de la vida en la calle y por la amoralidad de la alta sociedad.

En la película La *dolce vita*, la actriz sueca Anita Ekberg se divirtió en la Fontana di Trevi con Marcello Mastroianni.

Los mosaicos

Las iglesias medievales de Roma esconden mosaicos impresionantes, con brillantes escenas de historias de la Biblia y santos que cobran vida en ondas de color. A menudo eclipsados por el arte antiguo, renacentista y barroco de la ciudad, vale la pena ver estos tesoros medievales.

■ SANTA MARIA DEL POPOLO

Un ejemplo inusual de mosaico del Alto Renacimiento cubre la cúpula de la **Capilla Chigi** de la Iglesia de Santa Maria del Popolo (ver págs. 105-106). Rafael diseñó tanto el mosaico, que representa la creación del mundo y los planetas, como la capilla para el banquero Agostino Chigi.

Piazza del Popolo 12 • 06 361 0836

■ SAN CLEMENTE

El ábside de esta iglesia del siglo XIII (ver págs. 63-64) difiere del mosaico contemporáneo. Además de la representación de Cristo con los santos, hay volutas con pequeños hombres, mujeres y animales. Los historiadores del arte creen que se trata de una copia de un mosaico de la iglesia del siglo IV cuyas ruinas están debajo del edificio del siglo XII.

Via di San Giovanni de Laterano 108 • 06 774 0021

■ SANTA MARIA LA MAYOR

Esta basílica (ver pág. 78) se encuentra en la cima del Esquilino. Los mosaicos de la nave representan escenas del Antiguo Testamento, datan del siglo V y su estilo alegre se debe al antiguo arte romano. Fíjate en el detalle narrativo y arquitectónico, que falta en los mosaicos del ábside del siglo XIII.

Piazza Santa Maria Maggiore • 06 6988 6800

■ SANTA PRASSEDE

Esta iglesia cerca de la Piazza Santa Maria Maggiore (ver pág. 78) contiene la espléndida **Capilla de San Zeno** del siglo IX, con diminutos azulejos de vidrio desde el suelo hasta el techo. Cuatro ángeles y un medallón con Cristo cubren el techo; en las paredes hay motivos florales y retratos de santos. El mosaico del ábside principal es maravilloso.

Via di Santa Prassede 9A • 06 488 2456

Las palomas comparten el espacio de la cruz con Jesús en el mosaico del ábside de la Iglesia de San Clemente.

■ SANTA MARIA EN TRASTEVERE
La Iglesia de Santa Maria en Trastevere (ver pág. 152) conserva mosaicos del siglo XII. En la fachada, la Virgen sentada en un trono con el Niño, y al lado hay figuras que llevan regalos. En el interior, el ábside está decorado con uno de los mosaicos más elegantes de Roma: María, Jesús y los santos están vestidos con brillantes túnicas reales, además de otros mosaicos que representan la vida de la Virgen. Son obra del artista romano Pietro Cavallini (finales del siglo XIII) en un estilo que rechaza la rigidez de la Edad Media y recuerda el naturalismo y la plasticidad del Renacimiento.

Piazza Santa Maria in Trastevere • 06 581 4802

■ SANTA CECILIA EN TRASTEVERE
También en el Trastevere, el portico de Santa Cecilia (ver págs. 150-151) está decorado con un delicado friso de mosaicos con guirnaldas, retratos y pájaros. En el interior de la iglesia, en el ábside del siglo IX, se representa a un Cristo flotando sobre un fondo azul oscuro. A su izquierda, Santa Cecilia abraza al papa Pasquale I.

Piazza Santa Cecilia 22 • 06 589 9289

Del Panteón a Piazza Navona

El área que se extiende al sur y al oeste desde el Panteón hacia el río Tíber forma parte del tejido urbano de Roma desde la antigüedad. Julio César, Pompeyo, Marco Agripa y Augusto construyeron aquí templos, teatros y termas. Durante la Edad Media, los romanos adaptaron y transformaron estos antiguos edificios: construyeron una iglesia dentro del imponente panteón y utilizaron las antiguas estructuras como cimientos para la Iglesia de Santa Maria sopra Minerva y la Piazza Navona, el primer ejemplo del desarrollo del Barroco. En el siglo XVI, el Palazzo Farnese se convirtió en el centro de poder de la familia del mismo nombre, mientras que los artesanos y comerciantes trabajaban en Campo de' Fiori y sus alrededores. Con el monumento de Vittorino Emanuele II queda reflejada la espectacularidad de esta zona.

◀ **En esta zona de Roma se encuentran muchos edificios renacentistas, por ejemplo los de Vicolo della Moretta, cerca de Via Giulia.**

Del Panteón a Piazza Navona

Un paseo desde el edificio mejor conservado de la antigua Roma hacia algunas de sus plazas, calles e iglesias más evocadoras.

⓾ Piazza Navona (ver pág. 123)
Cuando entras en la plaza más grande y fascinante de Roma, la Fontana del Moro está frente a ti y la Fontana dei Quattro Fiumi, un poco más lejos.

❾ Via Giulia (ver pág. 123)
Esta calle del siglo XVI está flanqueada por iglesias y palacios. Recorre la calle hasta Vicolo della Moretta, gira a la derecha hacia Piazza della Chiesa Nuova y cruza la plaza y toma la Via del Governo Vecchio dirección este hasta Piazza Navona.

DEL PANTEÓN A PIAZZA NAVONA

Mapa:
PARIONE
VIA DEL GOVERNO VECCHIO
VIA D. PARIONE
VIA D. S. MARIA D. ANIMA
VIA D.
CORSO
DEL
Fontana dei Quattro Fiumi
Piazza Navona ⓾
Fontana del Moro
PIAZZA DELLA CHIESA NUOVA
PIAZZA SANT' EUSTACHIO
VITTORIO
Vicolo della Moretta
VIA DI MONSERRATO
VIA DEL PELLEGRINO
VIA DEI CAPPELLARI
PIAZZA DI SAN PANTALEO
Sant'Ivo alla Sapienza
RINASCIMENTO
❾
VIA GIULIA
PIAZZA DELLA CANCELLERIA
EMANUELE II
PIAZZA VIDONI
❽
Piazza Farnese
❼
Campo de' Fiori
PIAZZA DEL BISCIONE
LUNGOTEVERE DEI TEBALDI
Tevere
VIA DEI GIUBBONARI

❽ Piazza Farnese
(ver pág. 122) **La elegante plaza está dominada por el lujoso Palazzo Farnese, terminado por Miguel Ángel. Dirígete a la Via Giulia que está justo detrás del edificio.**

❼ Campo de' Fiori
(ver pág. 121) **Sencillos edificios renacentistas rodean esta plaza, que es un mercado de día y un lugar de ocio por la noche. Camina hacia el suroeste hasta la Piazza Farnese.**

❻ Largo di Torre Argentina
(ver pág. 121) **Este lugar, con su torre medieval, reúne cuatro templos romanos y un refugio para gatos. Dirígete al sur y desde la Via Arenula, gira a la derecha y continúa hacia el oeste por la Via dei Giubbonari.**

**DEL PANTEÓN A PIAZZA NAVONA DISTANCIA: 3,9 KM
DURACIÓN: 7 H APROX. PARADAS DE AUTOBÚS: 46, 64, 70 • TRANVÍA: 8**

1 Pantheon (ver págs. 124-125) Uno de los edificios antiguos mejor conservados es el enorme Panteón, todo un milagro de la ingeniería. Camina hacia el sur por Piazza della Rotonda hasta la plaza adyacente, donde verás la fachada blanca de la única iglesia gótica de Roma.

Fontana e Obelisco

PIAZZA DELLA ROTONDA

VIA DEL SEMINARIO

PIAZZA DI SANT'IGNAZIO

Pantheon

1

V. D. SANTIGNAZIO

VIA DEL CORSO

Santa Maria sopra Minerva

2

PIAZZA DEL COLLEGIO ROMANO

PIAZZA DELLA MINERVA

Palazzo Doria Pamphilj

3

VIA D. TORRE ARGENTINA

PIGNA

V. C. BATTISTI

Largo di Torre Argentina

6

VIA DEL PLEBISCITO

Palazzo Venezia

Piazza Venezia

PIAZZA DEL GESÙ

5 Chiesa del Gesù

Palazzetto di Venezia

4

Templi repubblicani

VIA SAN MARCO

VIA DELLE BOTTEGHE OSCURE

0 ___ 200 metros
0 ___ 200 yardas

PIAZZA D'ARACOELI

2 Santa Maria sopra Minerva (ver pág. 118) Los monumentos funerarios y capillas de esta iglesia están cubiertos por bóvedas de crucería. Sal por la puerta trasera a la izquierda del altar mayor y vete hacia el este por la Piazza del Collegio Romano hacia la Via del Corso.

3 Palazzo Doria Pamphilj (ver pág. 119) El palacio, que ocupa varias manzanas, todavía está habitado por la familia noble que da nombre al edificio. Sigue la fachada en dirección sur por la Via del Corso.

4 Piazza Venezia (ver pág. 120) El monumento que celebra la unificación de Italia domina los edificios adyacentes, entre los que hay un palacio renacentista. Toma la Via del Plebiscito unos 300 m hacia el oeste.

5 Chiesa del Gesù (ver págs. 120-121) La iglesia principal de la orden de los jesuitas es un tesoro barroco. Cruza la plaza y toma Corso Vittorio Emanuele II hacia el oeste.

Pantheon

1

Ver págs. 124-125

Piazza della Rotonda • pantheon.cultura.gov.it • 06 6830 0230 • Cerrado 1 de enero y 25 de diciembre • Autobuses: 30, 40, 62, 64, 81, 87, 492

NO **PUEDES PERDERTE**

La Iglesia de San Luigi dei Francesi, entre Piazza Navona y el Panteón, alberga tres pinturas de Caravaggio. En la Capilla Contarelli, justo a la izquierda del altar mayor, se encuentran *San Mateo y el ángel*, *La vocación de San Mateo* y *El martirio de San Mateo*.

Santa Maria sopra Minerva

2

La fachada de piedra blanca de la única iglesia gótica de Roma es menos llamativa que otras, pero tiene una decoración interior magnífica. La alta nave central, con sus finas nervaduras de mármol sosteniendo el brillante techo abovedado de color azul cielo, da una sensación de ligereza y grandeza, además de mostrar su arte pictórico y escultórico. Gracias a la influencia de los frailes dominicos que construyeron esta iglesia en el siglo XIII, ha ganado prestigio junto con Santa Catalina de Siena, patrona de Italia, y están enterrados aquí cuatro grandes pontífices. Las naves laterales se dividen en capillas que fueron encargadas por los nobles para uso privado. En el crucero derecho, la **Capilla Carafa** es uno de los mayores tesoros del Renacimiento. Filippino Lippi pintó alrededor de 1490 el animado ciclo de frescos en el techo y las paredes. Una escena muestra a Santo Tomás de Aquino presentando al cardenal Oliviero Carafa a la Virgen María en *La Anunciación*, debajo de una magnífica representación de *La Asunción de la Virgen*. El santo aparece con su hábito dominicano negro en la pared de la derecha, en varios momentos de su vida. Enfrente se encuentra la tumba del papa Pablo IV, también un Carafa, el pontífice que estableció el gueto judío en 1555. En el altar mayor, a la derecha del sarcófago de mármol con los restos de Santa Catalina de Siena, está el *Cristo redentor* de Miguel Ángel, una estatua de mármol de Jesús cargando la cruz.

Piazza della Minerva 42 • www.santamariasopraminerva.it/es/ • 06 792 257 • Autobuses: 51, 62, 63, 64, 70, 80, 81, 83, 85, 87, 119, 160, 492 • Tranvía: 8

El hermoso interior del Palazzo Doria Pamphilj presenta una gran cantidad de decoraciones.

Palazzo Doria Pamphilj

3 Este palacio, construido entre los siglos XV y XVII, alberga una de las colecciones privadas de arte más grandes de la ciudad. Las paredes de la galería y sus cuatro brazos exponen muchas pinturas al óleo de maestros del Renacimiento y del Barroco como Peter Paul Rubens, Tiziano y Rafael. Entre las obras más valiosas están el *Retrato de Inocencio X* de Diego Velázquez, junto a esculturas del mismo pontífice de Gian Lorenzo Bernini. Dos cuadros de Caravaggio, *Magdalena penitente y Descanso en la huida a Egipto*, están en la Sala Aldobrandini. En ocasiones, la propia galería organiza visitas guiadas extraordinarias: consulta la web del palacio para estar informado sobre esta posibilidad. También hay una librería y una cafetería donde puedes descansar.

Via del Corso 305 • www.doriapamphilj.it • 06 679 7323 • Cerrado tercer mi. del mes, 1 de enero, Semana Santa, 25 de diciembre • €€ • Autobuses: 62, 64, 85, 95, 175, 492, 630, 850

Piazza Venezia

4 En esta concurrida plaza está el edificio más grande de la ciudad, el **Monumento a Vittorio Emanuele II**, en mármol blanco, conocido como Vittoriano. Mide 135 m de largo y 70 m de alto. Se inició en 1885 para celebrar la unión de Italia conseguida por el rey Vittorio Emanuele II y se necesitaron 50 años para finalizarlo. Sus decoraciones blancas extraídas de la iconografía romana antigua (carros, diosas aladas, escudos y una estatua ecuestre) evocan la victoria. En la fachada se encuentra la tumba del soldado desconocido, custodiada por soldados italianos y en su interior, el **Museo Central del Resurgimiento** (*Piazza Venecia, €€*). Con la entrada sencilla también puedes subir hasta la **Terraza Panorámica** (*Piazza Venecia, 06 6999 4211*), un mirador en la azotea con una maravillosa vista panorámica, y entrar al **Palazzo Venezia** (*Via del Plebiscito 118, 06 6999 4319, cerrado 1 de enero, 1 de mayo y 25 de diciembre*), en el lado occidental de la plaza, donde se alberga el Museo Nacional. Visita su jardín interior, que lo convierte en un oasis de paz en medio del bullicio de la ciudad.

Piazza Venezia • https://vive.cultura.gov.it/it/ • Metro: Colosseo, Línea B • Autobuses: 51, 50, 63, 80, 83, 160, 170

DÓNDE **COMER**

■ CUL DE SAC
En una encantadora plaza al sur de la Piazza Navona, este bar tiene asientos al aire libre y sirve platos fríos y calientes, además de tener una gran selección de vinos. **Piazza Pasquino 73, 06 6880 1094, €€**

■ ROSCIOLI
Cerca de Campo de' Fiori, este restaurante *gourmet* sirve una excelente carbonara, además de carnes y pescados. **Via dei Giubbonari 21, 06 687 5287, €€€€**

■ OSTERIA LE STREGHE
Platos de la cocina del Lacio en una taberna tradicional, con vigas visible en el techo, en un callejón apartado de la multitud. **Vicolo del Curato 16, 06 687 8182, €€€**

Iglesia del Gesù

5 La primera iglesia jesuita de Roma fue consagrada en 1584; su exuberante interior encarna la estética y el sentimiento del espíritu de la Contrarreforma. La fachada de piedra caliza da paso a un edificio de cruz latina, donde los frescos de la cúpula y el techo abovedado sobre la nave central están pintados en un estilo enérgico por Baciccia, alumno de Bernini. Levanta la mirada y sentirás como si te asomaras al Reino de los Cielos. La Capilla de

San Ignacio a la izquierda contiene las reliquias de San Ignacio de Loyola, fundador de la Orden de los Jesuitas. Sobre el altar hay un cuadro de Andrea Pozzo que representa la ascensión del santo. Durante dos horas al día, puedes visitar las habitaciones donde vivió San Ignacio. *(Piazza del Gesù 45, lu. a sá. de 16:00-18:00 h, y do. de 10:00-12:00 h).*

Via degli Astalli 16 • www.chiesadelgesu.org • 06 69 7001 • Autobuses: C3, 30, 44, 46, 63, 80, 81, 83, 118, 130, 160, 170, 190, 628, 715, 716, 780, 781, 916

Largo di Torre Argentina

6 En el extremo oriental de Corso Vittorio Emanuele II están las ruinas de cuatro templos romanos de la época republicana del siglo III-II a. C. Los templos se alzan al lado del Teatro de Pompeyo, donde fue asesinado Julio César. Actualmente, las columnas, los muros y los escalones son el reino de una comunidad de gatos que deambulan entre las piedras milenarias. Las ruinas se ven claramente desde la calle, pero se está trabajando para que el área sea accesible para todos.

Largo di Torre Argentina • Autobuses: 30, 40, 64, 87, 628, 916

Campo de' Fiori

7 Esta alargada plaza, rodeada de edificios renacentistas, alberga cada mañana un mercado de frutas y verduras (ver pág. 128). Por la noche, sin embargo, es un punto de encuentro para los jóvenes, que se reúnen en cafés y bares al aire libre. En el centro de la plaza hay una **estatua de bronce de Giordano Bruno**, el filósofo quemado en la hoguera en el siglo XVII tras su condena por la Inquisición romana.

Piazza Campo de' Fiori • Mercado abierto de 08:00-14:00 h; cerrado do. • Autobuses: 40, 46, 62, 64, 70, 81, 492

Muchos gatos bien alimentados corren por las ruinas del Teatro de Pompeyo del 55 a. C. Una asociación se asegura de que estén sanos y seguros.

Piazza Farnese

8 El **Palazzo Farnese** del siglo XVI domina esta elegante plaza. Este palacio, construido para el cardenal Alessandro Farnese (futuro papa Pablo III), expresa el poder, la riqueza y el gusto artístico de su familia, por lo que, probablemente, sea el edificio renacentista más bello de Roma. Fue iniciado por el arquitecto Antonio da Sangallo y completado por Miguel Ángel, quien introdujo la pesada cornisa en la parte superior del edificio, una innovación en la época. Hoy en día, aquí se ubica la Embajada de Francia, por lo que el acceso es limitado (y la visita debe reservarse con mucha antelación y necesariamente con un guía). En cada extremo de la plaza hay **dos fuentes de granito** del siglo III procedentes de las Termas Romanas de Caracalla, que fueron excavadas por la familia Farnesio y añadidas a la plaza en el siglo XVIII.

Piazza Farnese • Autobuses: 23, 40, 46, 62, 64, 190, 280, 916

A lo largo de la elegante Via Giulia se pueden ver patios como este.

Via Giulia

9 Es una de las calles más exclusivas de Roma que discurre durante 1 km paralela a las orillas del Tíber. El papa Julio II la sacó del laberinto de calles medieval en 1508, como parte de su plan para remodelar la zona. Al noroeste de Ponte Sisto, Via Giulia está adornada con nobles palacios e iglesias renacentistas y barrocas, incluida la de **Sant'Eligio degli Orefici** *(Via Sant'Eligio 8A),* basado en un proyecto inicial de Rafael. Uno de los elementos más conocidos de esta calle es el **arco** cubierto de hiedra en el extremo sureste. Un poco más adelante, la Iglesia de **Santa Maria Dell'Orazione e Morte** (cerrada temporalmente por restauración) tiene una fachada tallada con figuras esqueléticas. También encontrarás numerosas tiendas de antigüedades, galerías de arte y restauradores de muebles.

Via Giulia • Autobuses: 23, 115, 280, 870

Piazza Navona

10 La Piazza Navona es una de las plazas más grandes de Italia. Su forma alargada recuerda el estadio construido aquí por Domiziano a finales del siglo I. Los edificios adyacentes, de los siglos XVI y XVII, se construyeron sobre la antigua estructura, cuya planta baja sirvió de base. El papa Inocencio X (1644-1655) fue el responsable del aspecto actual de la plaza y del Palazzo Pamphilj, hoy embajada de Brasil, que fue su residencia favorita. A su lado, la cúpula de la Iglesia de **Sant'Agnese in Agone** se alza sobre las columnas y campanarios de una fachada blanca. Fue Inocencio X quien encargó a Francesco Borromini el diseño de la iglesia, pero fue su rival, Gian Lorenzo Bernini, quien la completó. Bernini diseñó la figura central de *Il Moro* para la **Fontana del Moro** así como la **Fuente de los Cuatro Ríos**. Esta última es una de las fuentes más preciadas de la ciudad. Cuatro esculturas de mármol de las deidades de los ríos Nilo, Danubio, Ganges y Río de la Plata descansan sobre una cueva de piedra caliza.

Piazza Navona • Autobuses: 30, 70, 81, 87, 492, 628

El Panteón

Este grandioso edificio, uno de los más intactos que quedan de la antigua Roma, es una de las estructuras más importantes del mundo.

El haz de luz procedente del óculo podía tener una función en las antiguas ceremonias romanas.

Su nombre proviene del griego *«pan theios»* (de todos los dioses) y quizás fuera un templo, aunque nadie lo sabe a ciencia cierta. El Panteón actual es el tercer edificio construido en el mismo sitio; los anteriores fueron devastados por incendios. La estructura, iniciada alrededor del año 117 d. C. y terminada entre el año 126 y el 128, se creó con un marco de madera para soportar el hormigón vertido. En el año 609, el Panteón fue consagrado como iglesia a la Virgen María, lo que puede explicar por qué es el edificio mejor conservado de la antigua Roma.

DEL PANTEÓN A PIAZZA NAVONA

◼ LA CÚPULA

A 43,3 m del suelo (y la misma longitud de diámetro), la impresionante cúpula está hecha de hormigón mezclado con piedra. Tiene 6 m de espesor en la base y gradualmente se vuelve más delgada hacia la cima. Los cofres de la cúpula estaban decorados en bronce, pero se retiraron a principios del siglo VII, igual que los exteriores de la cúpula, por orden del emperador Constante II en el año 663. En el centro, una abertura de 9 m de ancho llamada **óculo** permite que se filtren la luz, el aire y la lluvia. Cuando brilla el sol, un impresionante rayo de luz atraviesa las paredes. Cuando llueve, una fina nube de gotas cae desde la abertura en uno de los lugares más bellos de Roma.

◼ EL SUELO

De la decoración original quedan muy pocos restos; la mayoría fueron saqueados en la antigüedad y la Edad Media. Sin embargo, el **diseño geométrico** del suelo, con piedras de colores procedentes de Túnez, Egipto y Asia Menor, es original y fue restaurado en el siglo XIX. Puedes dedicarte a buscar **agujeros de drenaje** en las placas debajo del óculo.

UNA **CURIOSIDAD**

La gigantesca cúpula del Panteón, que sirve de modelo para muchos edificios, sigue siendo la cúpula de hormigón no reforzado más grande del mundo.

◼ LAS TUMBAS

Como todas las iglesias romanas, el Panteón contiene sepulturas. En una capilla a la izquierda del altar, el maestro renacentista **Rafael** descansa en un sarcófago romano. Los restos de Margarita de Saboya se encuentran en otra capilla cercana con los de su marido, el rey Umberto I. En el lado opuesto está la **tumba de Vittorio Emanuele II**, el primer rey de la Italia unida.

◼ LA FACHADA

La columnata consta de 16 **enormes columnas de granito** de 12 m de altura. En la parte superior se puede leer una inscripción en latín: «Construido por Marco Agripa, hijo de Lucio, en su tercer consulado». Agripa construyó el primer panteón, y el mecenas del edificio actual, el emperador Adriano, volvió a inscribir la dedicatoria a él para vincularlo a un período de gloria imperial.

DEL PANTEÓN A PIAZZA NAVONA

Piazza Rotonda • https://cultura.gov.it/luogo/pantheon • 06 6830 0230 • Cerrado 1 de enero y 25 de diciembre • Autobuses: C3, 30, 40, 46, 62, 64, 70, 81, 87, 492, 628, 916 • Tranvía: 8

La plaza

Detente un momento en Piazza Navona. ¿Qué ves? Un grupo de estudiantes corriendo con una pelota, un artista callejero tratando de atraer la atención de los turistas, madres empujando cochecitos con un teléfono móvil en la mano, un sacerdote corriendo hacia una reunión, la clientela bajo las sombrillas de un café. Aquí hay vida: un lugar de encuentro, un teatro al aire libre de la vida moderna y la naturaleza misma de una plaza romana.

La Piazza del Campidoglio tiene un suelo geométrico característico y dominado por los palacios de Miguel Ángel (arriba). La Barcaccia en la Plaza de España es un típico lugar de encuentro (derecha).

Orígenes romanos

El foro romano establece el patrón de la plaza. Originalmente era un lugar de reunión, a menudo para mercados, y también donde se ubicaban edificios públicos, como templos, teatros o termas. Los arquitectos del Renacimiento italiano se inspiraron en modelos griegos y romanos para diseñar la «ciudad ideal», y la plaza siempre fue un elemento no solo clave, si no fundamental. La palabra «piazza» proviene del latín *«platea»*, tomada del griego *«plateia»* (ancho). Gracias a los romanos, es una palabra que también se usa en inglés, francés, español y alemán (*«plaza»*, *«place»*, *«platz»*). Las plazas de Roma, sin embargo, no están en los foros romanos, ya que son, en gran parte, de origen renacentista y barroco. Estas zonas de la ciudad eran lugares de paso y, por tanto, se convirtieron así en lugares de prestigio para prodigar una gran expresión artística y arquitectónica. El resultado fue que muchas de las plazas de Roma y sus edificios fueron diseñadas por los más grandes arquitectos y artistas de la época y por ello son algunos de los espacios públicos más impresionantes y admirados del mundo.

Alegría para los ojos

Encontrarás esculturas en todas las plazas de Roma y el maestro es, sin duda, Gian Lorenzo Bernini (1598-1680). Fue responsable, entre otras cosas, de la **Fuente de los Cuatro Ríos** en la Piazza Navona (ver pág. 123) y de la **Fuente de las Abejas (Fontana delle Api)** en la Piazza Barberini, que representa el emblema de la familia Barberini. Su padre, Pietro Bernini, diseñó la fuente llamada **La Barcaccia** en la Plaza de España (ver pág. 104). Por otro lado, la **Piazza del Campidoglio** (ver pág. 45), diseñada por Miguel Ángel, es un espacio elegante, donde hay una copia de la estatua de Marco Aurelio del siglo II.

CINCO **PLAZAS**

Piazza delle Cinque Scole
Cerca de la puerta del antiguo gueto, llamada así por las cinco «escuelas» o sinagogas ubicadas cerca.

Piazza Colonna Toma su nombre de la columna triunfal de Marco Aurelio, que se encuentra aquí desde el año 193 d. C.

Piazza di Montecitorio
Diseñada por Bernini en 1650, es donde se encuentra actualmente el Parlamento italiano.

Piazza di Pietra Una elegante plaza dominada por las ruinas del Templo de Adriano del siglo II.

Piazza di Sant'Ignazio
Obra maestra de la arquitectura rococó de Filippo Raguzzini (1728).

Los mercados

Los 130 mercados al aire libre de Roma son de dos tipos: de productos frescos y mercadillos o rastros. Cada barrio tiene su propio mercado de comida, muy concurrido todas las mañanas. Los rastros, que suelen ser los domingos, ofrecen moda retro, elementos de decoración original para el hogar y mucho más.

■ CAMPO DE' FIORI

Esta encantadora plaza (ver pág. 121) es más conocida por su vibrante vida nocturna, pero también muestra su cara más fragante por la mañana, con un mercado de productos frescos. En el corazón del centro histórico de Roma, esta plaza se convirtió en un centro de comercio durante el Renacimiento que reunía a los comerciantes de caballos. Hoy en día, se le conoce por sus puestos con tarros, bolsas y recipientes llenos de hierbas, especias, nueces y frutos secos. Deslumbrantes decoraciones florales y una muestra de frutas y verduras frescas, que cambian según las estaciones, son un verdadero placer para el paladar y para la vista, también es un buen lugar para tomar un almuerzo campestre.

Piazza Campo de' Fiori • Abierto de 08:00-14:00 h; cerrado el do.

■ BORGHETTO FLAMINIO

Ubicado en una antigua estación de autobuses, Borghetto Flaminio es uno de los mercados al aire libre más elegantes de Roma. A pocos pasos hacia el norte está la estación de metro Flaminio-Piazza del Popolo. Este se ha convertido en el destino de clientes sofisticados que buscan joyas extravagantes, ropa retro, bolsos de segunda mano de las mejores marcas y mucho más.

Piazza della Marina 32 • 06 588 0517 • Entrada: € • Abierto do. de 10:00-19:00 h.

■ PORTA PORTESE

Cada domingo, en el Trastevere, el mercadillo más grande de Roma transforma las tranquilas calles en un mosaico de puestos extravagantes, ruidosos, concurridos y caóticos. El histórico mercado de Porta Portese se extiende entre Piazza Ippolito Nievo en la parte superior, la Via Ettore Rolli a la izquierda, la Via Portuense hasta la Porta

Campo de' Fiori se llama así porque originalmente esta plaza era un prado.

del mismo nombre a la derecha, y alberga más de mil puestos repletos de todo lo imaginable, desde baratijas hasta verdaderos tesoros. Se necesita un poco de suerte y habilidad para evitar comprar una falsificación o la clásica *sòla*, como se dice en dialecto romano. Este mercado, custodiado por la majestuosa Porta Portese, se ha convertido en todo un emblema, que aparece en películas tanto italianas como extranjeras.

Piazza Porta Portese • Abierto do. de 07:00-14:00 h.

■ PONTE MILVIO ANTIQUARIATO
El mercado de antigüedades de Ponte Milvio se desarrolla en el lado derecho

de este puente, a lo largo de la Via Capoprati hasta el Ponte Duca D'Aosta. Un contexto romántico para un viaje a través de muebles, estatuas y pinturas. Cientos de puestos, con comerciantes de toda Italia e incluso del extranjero, ofrecen objetos de colección y de mucho valor, desde muñecas de porcelana hasta juegos de té *art nouveau*; su excelente reputación atrae a muchos entusiastas de las antigüedades. Está especialmente concurrido de marzo a noviembre, cuando el cálido sol atrae tanto a turistas como a los propios romanos para dar un paseo los domingos.

Via Capoprati, zona de Ponte Milvio • Abierto do. de 09:00-19:00 h.

Vaticano

Durante un tiempo los papas gobernaron los Estados Pontificios, un reino que se extendía por gran parte del centro de Italia. Actualmente, el papa gobierna las 44,5 ha de la Ciudad del Vaticano, conocida como la Santa Sede, donde custodia entre sus muros su residencia, las salas abiertas al público, las oficinas e impresionantes colecciones de arte. Los Museos Vaticanos reciben millones de visitantes cada año para admirar bellezas como los frescos de Miguel Ángel en la Capilla Sixtina. La Plaza de San Pedro, la única parte que no está rodeada por murallas, es la puerta de entrada a la Basílica de San Pedro. En el este, justo fuera de los muros del Vaticano, está el Castillo Sant'Angelo, que fue una fortaleza papal. En 1870, los Estados Pontificios perdieron poder cuando Víctor Manuel II se convirtió en rey de una Italia unida. Durante casi seis décadas, la autoridad papal estuvo en el limbo hasta que se creó el Estado de la Ciudad del Vaticano con los Pactos de Letrán de 1929.

◄ **Cae la noche sobre el Tíber y el Puente Sant'Angelo, con la cúpula de la Basílica de San Pedro al fondo, diseñada por Miguel Ángel.**

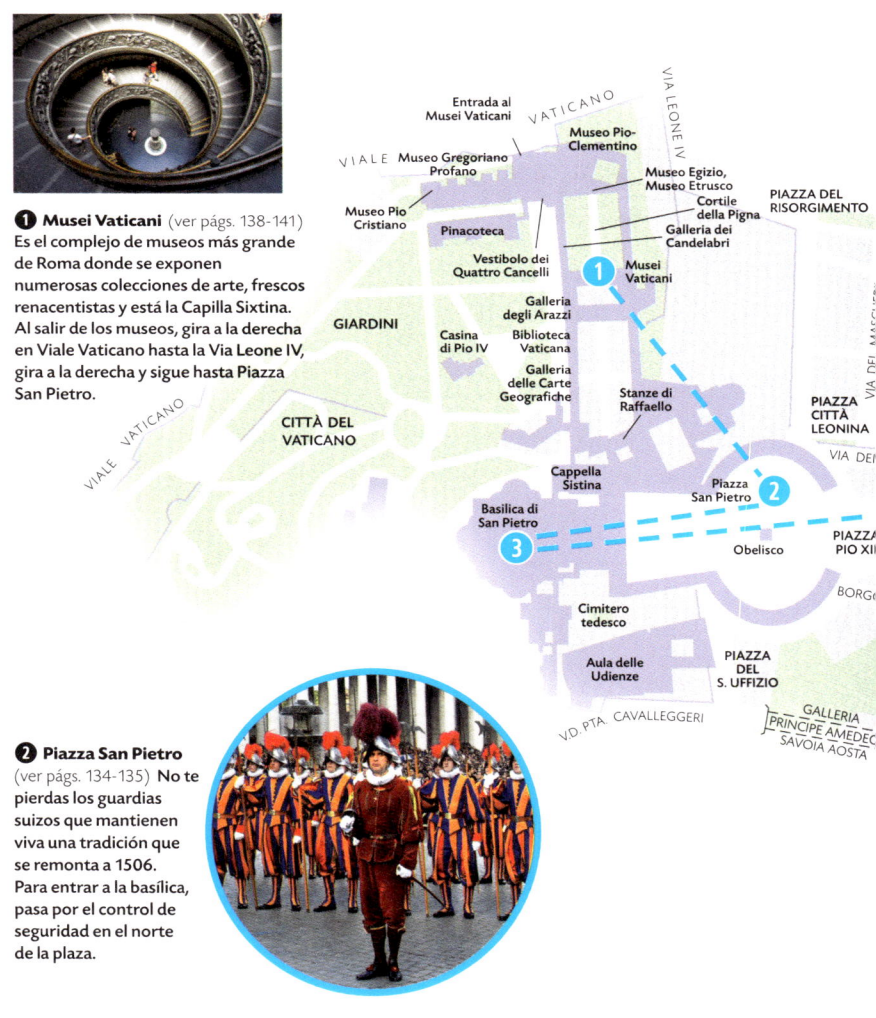

1 Musei Vaticani (ver págs. 138-141)
Es el complejo de museos más grande
de Roma donde se exponen
numerosas colecciones de arte, frescos
renacentistas y está la Capilla Sixtina.
Al salir de los museos, gira a la derecha
en Viale Vaticano hasta la Via **Leone** IV,
gira a la derecha y sigue hasta **Piazza**
San Pietro.

2 Piazza San Pietro
(ver págs. 134-135) **No te**
pierdas los guardias
suizos que mantienen
viva una tradición que
se remonta a 1506.
Para entrar a la basílica,
pasa por el control de
seguridad en el norte
de la plaza.

Map labels:
Entrada al Musei Vaticani
VATICANO
VIA LEONE IV
Museo Pio-Clementino
VIALE Museo Gregoriano Profano
Museo Egizio, Museo Etrusco
PIAZZA DEL RISORGIMENTO
Museo Pio Cristiano
Cortile della Pigna
Pinacoteca
Galleria dei Candelabri
Vestibolo dei Quattro Cancelli
Musei Vaticani
GIARDINI
Galleria degli Arazzi
VIA DEI MACCE
Casina di Pio IV
Biblioteca Vaticana
PIAZZA CITTÀ LEONINA
VIALE VATICANO
Galleria delle Carte Geografiche
Stanze di Raffaello
VIA DEL
CITTÀ DEL VATICANO
Cappella Sistina
Piazza San Pietro
Basilica di San Pietro
PIAZZA PIO XII
Obelisco
BORGO
Cimitero tedesco
Aula delle Udienze
PIAZZA DEL S. UFFIZIO
V.D. PTA. CAVALLEGGERI
GALLERIA PRINCIPE AMEDEO SAVOIA AOSTA

**VATICANO DISTANCIA: 1,6 KM DURACIÓN: 8 H APROX. ESTACIÓN DE METRO
DE INICIO: OTTAVIANO, LÍNEA A; AUTOBUSES: 32, 34, 40, 46, 62, 64, 990**

Vaticano

Los Museos Vaticanos y la Basílica de San Pedro están repletos de obras maestras antiguas, renacentistas y barrocas.

| 0 | | 250 metros |
| 0 | | 250 yardas |

VIA

VIAS PORCARI

CRESCENZIO

PIAZZA A. CAPPONI

VIA G. VITELLESCHI

VIA DI PORTA CASTELLO

PIAZZA

ADRIANA

PIAZZA

ADRIANA

VIA TRIBONIANO

PIAZZA

Castel Sant'Angelo

Mura Leonine

BORGO SANT'ANGELO

VIA

RRIDORI

④

PIAZZA PIA

LUNGOTEVERE VATICANO

LUNGOTEVERE CASTELLO

VIA DELLA CONCILIAZIONE

Tevere

PONTE SANT'ANGELO

PONTE

NTO SPIRITO

PONTE VITTORIO EMANUELE II

④ **Castel Sant'Angelo**
(ver págs. 136-137) Originalmente fue el mausoleo del emperador, pero se transformó en fortaleza y, recientemente, en museo.

❸ **Basilica di San Pietro**
(ver págs. 135-136) **La iglesia más grande del cristianismo católico fue diseñada por Bramante, Rafael y Miguel Ángel y decorada por Bernini. Desde la Piazza San Pietro, camina por la Via della Conciliazione hasta el final.**

Musei Vaticani

1 Ver págs. 138-141.

Viale Vaticano 100 • www.museivaticani.va • 06 6988 3145 • €€€ • Cerrado do. (excepto el último del mes), 1 y 6 de enero, 11 de febrero, 19 de marzo, do. y lu. de Semana Santa, 1 de mayo, 29 de junio, 15 de agosto, 1 de noviembre, 8, 25 y 26 de diciembre • Metro: Ottaviano, Línea A • Autobuses: 32, 34, 40, 46, 62, 64, 81, 98, 190, 590, 881, 916, 982, 990

Piazza San Pietro

2 La gran Plaza de San Pedro de forma elíptica, frente a la basílica del mismo nombre, la diseñó el artista, escultor y arquitecto napolitano Gian Lorenzo Bernini para el papa Alejandro VII, entre 1656 y 1667. El gran **pórtico** se compone de cuatro filas de columnas que rodean la plaza como brazos que dan la bienvenida, creando un espacio para decenas de miles de peregrinos. Sobre las arcadas hay 140 estatuas de santos de tamaño monumental, también de Bernini. En 1586, antes de la construcción de la plaza, el papa Sixto V trasladó

La magnífica fachada barroca de la basílica, diseñada por Carlo Maderno, domina la Plaza de San Pedro.

un obelisco egipcio al centro, frente a la basílica. Esta plaza es el lugar habitual de las **audiencias públicas** del papa, que se realizan todos los miércoles, cuando el pontífice se encuentra en su residencia, generalmente a las 10:30 h. Pronuncia un breve discurso ante la multitud en diferentes idiomas y da la bendición apostólica.

Los domingos, el papa se asoma por la ventana al mediodía para rezar el **Ángelus dominical** y bendice a toda la gente que lo espera en la plaza.

Extremo oeste de Via della Conciliazione • www.vaticano.va • Metro: Ottaviano, Línea A • Autobuses: 32, 34, 40, 46, 62, 64, 81, 98, 190, 590, 881, 916, 982, 990

Basilica di San Pietro

3 El papa Julio II inició la construcción de la actual basílica en 1506, y es el lugar de peregrinación más importante para los católicos de todo el mundo. Fueron necesarios más de cien años de obras hasta completarla en 1612, durante el pontificado de Pablo V. La basílica, que se encuentra en el mismo lugar que otra anterior del siglo IV, estuvo a punto de derrumbarse en los albores del Renacimiento. Según la tradición, está construida en el lugar donde San Pedro fue crucificado y enterrado alrededor del año 67 d. C. La «nueva» Basílica de San Pedro es grandiosa, mide 222 m de longitud y tiene una altura máxima de 138 m. En su diseño participaron los más grandes arquitectos del Renacimiento, entre ellos Donato Bramante, Rafael y Miguel Ángel. Para la **cúpula**, Miguel Ángel concibió una forma ligeramente puntiaguda para que ejerciera menos empuje. Este famoso símbolo, se completó en 1590, 26 años después de la muerte del artista, y fue Carlo Maderno quien terminó la construcción de la basílica, con la ampliación de la nave y adhesión de la fachada. Bernini decoró la mayor parte de los interiores en estilo barroco (ver pág. 82), pero se conservaron numerosas obras de arte de la antigua basílica, en

INFORMACIÓN PARA TURISTAS

Para asistir a una de las audiencias generales del papa solo es posible con una entrada gratuita, que debes reservar mediante un formulario en la web del Vaticano, en la página de la Prefectura de la Casa Pontificia (*www.vatican.va*), y que debes recoger en la oficina de la Puerta de Bronce. Es mejor llegar temprano para conseguir un buen asiento; los controles pueden ser bastante largos. Para escuchar el Ángelus del domingo no se necesita entrada.

VATICANO

particular la *Piedad* de Miguel Ángel, que representa a la Virgen María afligida por el cuerpo de Cristo crucificado. La estatua, en la primera capilla a la derecha, fue creada en 1498 por Miguel Ángel, cuando tenía 23 años, originalmente para un cardenal francés. Bajo la imponente cúpula de Miguel Ángel, el **baldaquino** o **dosel** de Bernini, de 29 m de altura, centra la atención en el **altar papal**, una estructura de mármol blanco donde el papa oficia la misa. Y este baldaquino, apoyado en el enorme espacio vertical de la cúpula, fue la primera obra de Bernini en la basílica, donde trabajó durante seis décadas. Más allá del altar papal, está la **Capilla de la Cattedra** que es otra magnífica creación de Bernini en bronce y estuco dorado, con una ventana de alabastro. Su trono (*cattedra*) es un relicario en el que se cree que están los restos del sencillo trono de madera de San Pedro. La última obra de Bernini dentro de la basílica fue el **monumento funerario del papa Alejandro VII**, en el crucero sur: Alejandro rezando de rodillas está rodeado de varias esculturas que representan las virtudes y le acompaña un esqueleto de bronce con alas, que es símbolo de mortalidad e implica la certeza de la salvación de Alejandro.

Piazza San Pietro • www.vaticano.va • 06 698 83731 • Metro: Ottaviano, Línea A • Autobuses: 32, 34, 40, 46, 62, 64, 81, 98, 190, 590, 881, 916, 982, 990

DÓNDE **COMER**

■ L'ARCANGELO
El chef Arcangelo Dandini prepara platos romanos clásicos, incluidos los fenomenales ñoquis, en un entorno elegante al norte de Castel Sant'Angelo. **Via Giuseppe Gioacchino Belli 59, 06 321 0992, €€€€**

■ PANINO DIVINO
Después de pasar horas en los Museos Vaticanos, aquí podrás refrescarte con un buen sándwich o un plato ligero. **Via dei Gracchi 11A, 06 3973 7803, €€**

■ PIZZARIUM
Detrás del Vaticano, puedes disfrutar de la pizza más famosa de Roma por porción en un pequeño restaurante sin pretensiones. **Via della Meloria 43, 06 3974 5416, €**

Castel Sant'Angelo

4 Esta fortaleza a orillas del Tíber, hoy **Museo Nacional** del **Castillo Sant'Angelo** ha sufrido varias transformaciones importantes durante su existencia de casi 1900 años. Originalmente fue el mausoleo del emperador Adriano, inspirado en el de Augusto, al otro lado del río. En la Edad Media se convirtió en una fortaleza papal que lleva el nombre de San Miguel, porque según se decía,

Las estatuas de ángeles a lo largo del Puente Sant'Angelo guían hasta el Castillo Sant'Angelo.

puso fin a un brote de peste. En los siglos XV y XVI, partes de la fortaleza se utilizaron como residencias del papa y su corte. También sirvió como prisión tal y como aparece en algunas obras, como en *Tosca* de Puccini. Visita la **Sala de las Urnas**, en el segundo piso, donde están los restos quemados (ahora perdidos) del emperador Adriano y su familia. Aunque lo más interesante está en los pisos superiores: en el quinto, la **Sala Paolina** con frescos pintados en 1540 por el papa Pablo III; y en el séptimo y último piso, la **Terrazza dell'Angelo** con vistas a la Basílica de San Pedro y el Tíber, bajo la mirada protectora de una **gran estatua de bronce de San Miguel**, obra del escultor flamenco Pieter Anton Verschaffelt , que desde 1750 completa la fortaleza.

Lungotevere Castello 50 • www.castelsantangelo.beniculturali.it • 06 681 9111 • €€ • Cerrado lu., 1 de enero y 25 de diciembre • Metro: Lepanto, Línea A • Autobuses: 30, 34, 40, 49, 62, 130, 280

Museos Vaticanos

Con 4,5 millones de visitantes cada año, la colección de arte pontificia es uno de los lugares turísticos más populares de toda Europa.

Platón y Aristóteles debaten en la «Escuela de Atenas» de Rafael.

Los Museos Vaticanos están formados por varias colecciones reunidas a lo largo de más de cinco siglos. El papa Julio II creó el núcleo central con un grupo de antiguas estatuas romanas, que dieron lugar a una colección de obras de arte hoy repartidas en dos palacios y tres patios. Lo ideal es dedicar al menos un día a los museos, pero si no dispones de mucho tiempo, puedes hacer una visita más rápida, de unas dos horas y media, que incluya la Capilla Sixtina, las Estancias de Rafael y, tal vez, otra galería.

◼ PINACOTECA

La galería de arte surge a finales de la Edad Media y continuó hasta el siglo XVIII. En la Sala II, está el *tríptico de Stefaneschi* de Giotto di Bondone (*ca.* 1330) que insinúa el renacimiento del naturalismo, el cual culmina en la Sala IV con el fresco del siglo XV de Melozzo da Forlì, *Sixto IV nombra a Bartolomé Platina prefecto de la Biblioteca Vaticana*. En la Sala VIII, *La Transfiguración* de Rafael (1516-1520) y sus tapices muestran el agudo realismo del maestro. En la Sala XII, en el *Entierro de Cristo*, o *Deposizione*, Caravaggio (*ca.* 1600-1604) hace un magistral uso de la luz con un gran efecto escenográfico.

◼ MUSEO PÍO CRISTIANO

Los mosaicos, relieves y esculturas de esta colección de arte paleocristiano reflejan una marcada influencia pagana romana. Observa el *Buen Pastor* que viste una túnica y se parece a un dios griego imberbe. Miguel Ángel lo imitó en su figura de Cristo en *El Juicio Final* de la Capilla Sixtina.

◼ MUSEO PÍO CLEMENTINO

Esta colección de escultura antigua, una de las muchas que hay en los museos, contiene las mayores obras maestras, incluidas las que influyeron

en Miguel Ángel. El *Apolo de Belvedere* inspiró para cabeza de Cristo en *El Juicio Final*, mientras que *Laocoonte y sus hijos* le sirvieron de modelo para las piernas del Salvador.

◼ MUSEO GREGORIANO ETRUSCO

La colección etrusca, iniciada en el siglo XIX por el papa Gregorio XVI, debe su riqueza a la tradición de enterrar a los muertos con objetos valiosos. En la Sala II están los hallazgos de la **Tumba Regolini-Galassi**, descubierta al norte de Roma en 1836. Entre los restos hay un peroné de oro del siglo VII a. C. En las Salas VII y VIII, lujosas joyas de oro son el testimonio de la riqueza de la civilización etrusca.

◼ GALERÍA DE LOS TAPICES

En un largo pasillo se exponen dos ciclos de tapices colgados en paredes opuestas. En el lado este, una serie de **tapices de la Escuela Nueva** del siglo XVI, llamados así porque fueron diseñados por los alumnos de Rafael; estos representan escenas de la vida de Cristo con meticuloso detalle.

■ GALERÍA DE MAPAS GEOGRÁFICOS

En la pared oeste de la larga y restaurada Galería de Mapas Geográficos, que recorre 120 m, se exponen 40 mapas geográficos pintados al fresco, que representan las regiones de Italia, las islas más pequeñas y las más grandes, las principales ciudades portuarias y la Italia antigua y moderna.

■ LAS ESTANCIAS DE RAFAEL

Las estancias de Rafael son cuatro salas papales decoradas por Rafael y sus alumnos. La *Sala de la Signatura*, la tercera, fue el estudio y biblioteca del papa Julio II. Sus temas favoritos están representados en las paredes: jurisprudencia, teología, poesía y filosofía. En el muro oriental, la pintura *Escuela de Atenas* representa a los más grandes pensadores de la historia antigua debatiendo en una escuela de filosofía imaginaria. Rafael se representa a sí mismo, situado en la parte inferior derecha con un manto rojo y una gorra negra.

■ COLECCIÓN DE ARTE MODERNO Y CONTEMPORÁNEO

Cuenta con alrededor de 8000 obras, que ocupan las 36 salas del Apartamento Borgia. Incluye uno de los **estudios para el retrato del papa Inocencio X** de Francis Bacon, una copia grotesca del cuadro de Velázquez que está en el Palazzo Doria Pamphilj (ver pág. 119), así como obras de Van Gogh, Chagall, de Chirico, Fontana y Matisse, entre otros.

■ CAPILLA SIXTINA

Es el destino de peregrinación artística más importante de Roma, construida para el papa Sixto IV de 1477 a 1481, y es un punto clave para el catolicismo, ya que es donde se eligen los papas por cónclave. Sixto IV invitó a los grandes artistas de su tiempo, como Botticelli, Pinturicchio y Perugino, a pintar frescos en la capilla. De 1508 a 1512, su nieto, el papa Julio II, contrató a Miguel Ángel para reemplazar el azul y el oro del techo. Para este gran proyecto, Miguel Ángel dibujó y pintó al fresco retratos de profetas, sibilas, antepasados de Cristo y escenas del Génesis, lo que le llevó cuatro años. Para examinar adecuadamente las figuras, párate cerca del extremo occidental de la capilla y lee desde la pared del altar hasta la pared de entrada: *Separación de la luz de las tinieblas, Creación de los astros y las*

VATICANO

El Juicio Final de Miguel Ángel ocupa el muro este de la Capilla Sixtina.

plantas, *Separación de la tierra y el mar, La creación de Adán, La creación de Eva, Pecado original y expulsión del Paraíso terrenal, El sacrificio de Noé, El diluvio universal* y *La embriaguez de Noé*. Estos están rodeados por la representación de doce videntes, entre profetas y sibilas, sentados en tronos. En el techo sobre el altar, el profeta Jonás es una copia bidimensional del torso de *Apolo de Belvedere* del Museo Pío Clementino. Debajo de Jonás, el muro del altar presenta *El Juicio Final*, que Miguel

Ángel pintó de 1537 a 1541. Los bienaventurados rodean a Cristo sentado en el juicio, mientras, debajo de él, los ángeles anuncian con sus trompetas la llegada del Apocalipsis. Las figuras del cuadrante inferior izquierdo están benditas, las del inferior derecho, malditas. La inspiración de Miguel Ángel para los condenados fue, más que las Escrituras, el *Infierno* de Dante. El propio artista se retrató, como San Bartolomé agarrando su propia piel, recordando su martirio.

Viale Vaticano 100 • www.museivaticani.va • 06 6988 3145 • €€€ • Cerrado do. (excepto el último de cada mes), 1 y 6 de enero, 11 de febrero, 19 de marzo, do. y lu. de Semana Santa, 1 de mayo, 29 de junio, 15 de agosto, 1 de noviembre, 8, 25 y 26 de diciembre • Metro: Ottaviano, Línea A • Autobuses: 32, 34, 40, 46, 62, 64, 81, 98, 190, 590, 881, 916, 982, 990

El legado del papado

«Sobre esta piedra edificaré mi iglesia», le dice Jesús a San Pedro en la Biblia, jugando con el significado del nombre Pedro. Alrededor del año 67 d. C., San Pedro fue martirizado y enterrado en la Colina del Vaticano en Roma. En su honor, más tarde, los cristianos decidieron construir en ese lugar la sede de la Iglesia Occidental. San Pedro fue declarado primer papa (palabra derivada del latín *papa*, o padre), y desde entonces ha habido 266 papas.

El retrato de Julio II realizado por Rafael revela poco sobre su carácter, conocido como papa Terrible (arriba). Entre los muchos proyectos papales para embellecer Roma estaba la transformación de la Piazza Navona por parte del papa Inocencio X (derecha).

Cada vez más poder

Fueron necesarios casi tres siglos para que el cristianismo fuera reconocido oficialmente por los romanos, en tiempos del emperador Constantino, año 313 d. C. Después de la caída del Imperio romano occidental en el año 476 y del reino ostrogodo de Italia, que duró hasta mediados del siglo VI, la Iglesia católica romana aseguró la continuidad en toda Europa occidental. En el año 756, los papas gobernaban una franja de territorio que atravesaba el centro de Italia: los Estados Pontificios. También reinaron los territorios vecinos. El Vaticano se convirtió en su residencia principal después del siglo XIV, pero toda Roma era su capital.

Mecenas del arte

La riqueza y el poder del papado atrajeron a las familias gobernantes de Italia, como los Della Rovere, gloriosos, habilidosos y a menudo corruptos. Durante el Renacimiento, convirtieron a Roma en el centro del arte. El papa Julio II

(1503-1513), un reconocido guerrero, encargó a Miguel Ángel la decoración de la bóveda de la Capilla Sixtina y a Rafael la decoración de sus aposentos; además, fundó los Museos Vaticanos (ver págs. 138-141), inicialmente como depósito de antigüedades romanas redescubiertas en el Renacimiento. El mecenazgo de los papas se extendió por todas las iglesias de Roma, así como por edificios públicos, monumentos y plazas. Muchos papas, como Inocencio X (1644-1655), cuando transformó la Piazza Navona en un complejo barroco, no se avergonzaron de aceptar proyectos privados. La Reforma protestante del siglo XVI representó una amenaza directa al papado antes de que este último se reafirmara mediante la Contrarreforma. Esta renovación estuvo simbolizada por el estilo barroco (ver págs. 82-83) y se ha mantenido hasta los tiempos modernos.

ARTE **MODERNO**

Los papas modernos, aunque quizás no tan generosos como los del Renacimiento, también han sido mecenas del arte. Un ejemplo notable es la **Colección de Arte Moderno y Contemporáneo** (ver pág. 140) en los Museos Vaticanos. La colección inaugurada en 1973 por el papa Pablo VI, que esperaba fomentar un diálogo renovado entre la Iglesia y el arte contemporáneo, está compuesta por obras donadas por coleccionistas o por los propios artistas. Entre las obras maestras hay numerosos cuadros de Marc Chagall, a quien se le dedica casi por completo la Sala XIX, también pinturas de los **maniquíes** de Giorgio de Chirico y *El anuncio* de Salvador Dalí.

VATICANO

Vistas de Roma

Distribuida sobre siete colinas, Roma ofrece magníficas vistas de sus tejados de terracota, campanarios y cúpulas, parques, cimas de iglesias y colinas. Los puentes sobre el Tíber también ofrecen vistas dignas de inmortalizar y muchos hoteles cuentan con restaurantes o bares en las azoteas desde los que se puede disfrutar de las vistas mientras se bebe una copa de vino espumoso.

■ CÚPULA DE SAN PEDRO

Después de subir los 551 escalones hasta la cima de la gran cúpula de la Basílica de San Pedro (ver pág. 135-136), la gran recompensa es la impresionante vista de la ciudad: abajo está la **Plaza de San Pedro,** siguiendo el eje del obelisco de granito rojo situado en el centro, si deslizas la mirada por Via della Conciliazione, verás el **Castillo de Sant'Angelo** y el **Tíber**. El esplendor de la arquitectura del Vaticano se hace evidente en sí mismo.

Piazza San Pietro • www.vatican.va/various/basiliche/san_pietro/index_it.htm • 06 698 83731 • €€

■ PIAZZA CAMPIDOGLIO

Lo mejor del Capitolio (*Campidoglio*), la más baja de las siete colinas de Roma, no es la trapezoidal Piazza del Campidoglio de Miguel Ángel (ver pág. 45) en su cima ni la estatua ecuestre de Marco Aurelio. Cruza la plaza hacia el lado este y allí te espera una vista espectacular: a la izquierda, los **Foros Imperiales**, detrás del evocador distrito de Monti, además del **Foro Romano** con el Templo de Saturno y el Arco de Septimio Severo y, finalmente, el **Coliseo**. También, puedes subir en ascensor a la terraza del Vittoriano.

Piazza del Campidoglio

■ EL PINCIO

Aunque no se encuentra entre las siete colinas, el Pincio (ver pág. 106), al norte de la Plaza de España, ofrece unas espléndidas vistas, tanto de la **Piazza del Popolo,** más abajo, como el **centro histórico**, a la izquierda, con la cúpula de la basílica de San Pedro. En la antigüedad, las familias nobles tenían jardines en el Pincio, de ahí su sobrenombre de *Collis Hortulorum* (colina de los pequeños jardines).

Entra desde la Piazza del Popolo o desde Viale Trinità dei Monti

VATICANO

Desde la cúpula de San Pedro, mirando hacia la Plaza de San Pedro, todos los caminos parecen conducir al Vaticano.

■ JANÍCULO

Las vistas, el ambiente tranquilo y la exuberante vegetación del Janículo (ver pág. 153), en el lado occidental del Tíber, invitan a pararse en este «balcón de Roma». Admira la **Basílica de San Pedro** a la izquierda, después el **Panteón** y, a la derecha, el característico barrio **del Trastevere**. Numerosas estatuas hacen de esta zona un museo al aire libre, presidido por la estatua ecuestre de bronce de Giuseppe Garibaldi, el héroe de la unificación de Italia.

Piazzale Giuseppe Garibaldi, al noroeste de Trastevere

■ JARDÍN DE LOS NARANJOS

En la parte superior del Aventino, al sur del Ghetto y frente al Tíber, se encuentra uno de los jardines más bellos de Roma. El Jardín de los Naranjos (ver pág. 168) fue creado en el siglo XIV por la familia Savelli. El Aventino, la más meridional de las siete colinas, está fuera de las habituales rutas, pero puedes visitarlo por tu cuenta. A la sombra de los naranjos, escuchando las cigarras, comprenderás por qué a Roma se la llama la Ciudad Eterna.

Tres entradas: Piazza San Pietro d'Illiria, Via di Santa Sabina, Clivo di Rocca Savella

Del Trastevere al Janículo

El Trastevere se encuentra al otro lado del Tíber respecto al centro histórico de Roma. En la antigüedad, esta zona era una mezcla de casas de trabajadores y villas de nobles. Hubo trece sinagogas y aquí se establecieron las primeras comunidades cristianas. Hoy en día es un barrio residencial compacto, con muchos edificios medievales construidos sobre antiguos cimientos. La parte oriental es más tranquila y las tiendas de artesanos llenan las calles alrededor de la Piazza di Santa Cecilia. El lado occidental está lleno de vinotecas, discotecas y restaurantes, que lo convierten en un destino de vida nocturna con calles animadas hasta la madrugada. El Janículo se eleva sobre el Trastevere y ofrece una vista espléndida de la ciudad. Sus exuberantes jardines públicos contienen monumentos que celebran la unificación de Italia.

◄ **Las animadas plazas y las tranquilas callejuelas del Trastevere se entrelazan en las laderas del Janículo.**

Del Trastevere al Janículo

Las serpenteantes calles medievales del Trastevere dan paso a las laderas sombreadas y al tranquilo barrio residencial del Janículo.

8 Gianicolo (ver pág. 153) En parte residencial, en parte monumental y sorprendentemente verde, el Janículo es la colina más alta de Roma y ofrece una hermosa vista además de ser un lugar de respiro del bullicio de abajo.

7 San Pietro in Montorio (ver pág. 153) Esta iglesia del siglo xv está construida en el lugar donde se pensó que sucedió la crucifixión de San Pedro. Para llegar a la cima del Janículo, desde la Via Garibaldi continúa hasta la monumental Fontana dell'Acqua Paola y sube por la ladera.

6 Orto Botanico (ver págs. 152-153) En el Jardín Botánico de Roma hay muchos ejemplares raros de plantas. Regresa a Porta Settimiana, luego pasa por debajo del arco, gira a la derecha y toma la Via Garibaldi hasta llegar a la Iglesia de San Pietro in Montorio.

5 Villa Farnesina (ver págs. 154-155) Es una villa de lujo, construida para un banquero rico, decorada por artistas del Renacimiento. Cruza la Via della Lungara y toma la Via Corsini hasta la entrada del Jardín Botánico.

DEL TRASTEVERE AL JANÍCULO DISTANCIA: 4 KM DURACIÓN: 6 H PARADAS DE AUTOBÚS: 23, 280, 780

1 Isola Tiberina (ver pág. 150)
En este banco de arena se
encuentra un famoso hospital.
Cruza el Ponte Cestio hacia el
Trastevere y en la Piazza in
Piscinula toma el callejón al sur de
la plaza hacia la Via dei Salumi,
gira a la izquierda y después a la
derecha en la Via dei Vascellari.

2 Santa Cecilia in Trastevere
(ver págs. 150-151) Esta iglesia
medieval conmemora una virgen
mártir del siglo III. Sal de la iglesia
y continúa hacia el suroeste por
la Via di San Michele, gira a la
derecha en la Via Madonna
dell'Orto y después a la izquierda
en la Via Anicia.

3 San Francesco a Ripa
(ver págs. 151-152) El complejo
se construyó alrededor del
convento donde vivió San
Francisco de Asís. Sigue por la
Via San Francesco a Ripa hasta
el final, camina por Piazza San
Callisto y entra en la Piazza
Santa Maria in Trastevere.

Mapa

Ospedale
Fatebenefratelli
PONTE SISTO
PONTE GARIBALDI
PONTE CESTIO
Isola Tiberina
PIAZZA TRILUSSA
LUNG.
SANZIO
LUNG. D.
PIAZZA G. G. BELLI
ANGUILLARA
PONTE PALATINO
VIA DEL MORO
PIAZZA GIDIO
VIA DELLA
LUNGARETTA
PIAZZA SONNINO
PIAZZA IN PISCINULA
LUNGOTEVERE RIPA
Santa Maria in Trastevere
PIAZZA DI SANTA MARIA IN TRASTEVERE
TRASTEVERE
Santa Cecilia in Trastevere
PIAZZA S. CECILIA
LUCIANO
MANARA
PIAZZA MASTAI
PIAZZA DEI MERCANTI
PIAZZA DI SAN COSIMATO
VIA E. MOROSINI
PIAZZA SAN FRANCESCO A RIPA
PORTO DI RIPA GRANDE
Tevere
San Francesco a Ripa
VIA G. INDUNO
VIALE DI TRASTEVERE
RIOSO
PIAZZA DI PORTA PORTESE
PONTE SUBLICIO

4 Santa Maria in Trastevere (ver pág. 152)
Esta iglesia cubierta de mosaicos dedicada a la Virgen
María es uno de los principales sitios cristianos de la
ciudad. Sal de la plaza por el oeste y toma la Via della
Paglia hasta la Piazza Sant'Egidio. Camina hacia el
norte por la Via della Scala, pasa por la Porta
Settimiana y toma la Via della Lungara.

Isola Tiberina

1 Conectada con el Ghetto y el Trastevere por dos puentes de piedra, esta isla es un banco de arena natural que se ha ido formando gradualmente a lo largo de los últimos 2300 años. En el año 291 a. C., los romanos construyeron aquí un templo dedicado al dios de la medicina Esculapio y, más tarde, equiparon sus orillas con listones de piedra caliza para que pareciera un barco, en una divertida alusión a la llegada del héroe Eneas. En la Edad Media se fundó la Iglesia de San Bartolomeo. Detrás de la fachada restaurada en el siglo XVII **emerge el campanario del siglo XII,** como recuerdo de sus orígenes. Hoy en día, el monasterio adyacente alberga una sinagoga y un hospital judío, mientras que el lado occidental de la isla está ocupado por el Hospital Fatebenefratelli, famoso por su clínica de obstetricia. Además, desde principios del año 2000 es posible embarcarse y navegar por el río, y disfrutar de la vista de la isla desde el agua.

Entre Ponte Garibaldi y Ponte Palatino • Autobuses: 23, 63, 280, 780

Santa Cecilia in Trastevere

2 Una entrada monumental conduce desde la Piazza Santa Cecilia in Trastevere a un patio medieval. La Basílica de Santa Cecilia in Trastevere está dedicada a una virgen mártir que, según la tradición, fue ejecutada en ese lugar por su fe. La iglesia es producto de tres siglos de restauración desde el siglo XVI al XIX. La bóveda central y las naves son del siglo XVIII, gracias a la restauración llevada a cabo por el cardenal Acquaviva, pero el magnífico **mosaico del ábside del siglo IX,** que retrata a un gran Cristo entre los santos, es original. En el extremo izquierdo, Santa Cecilia extiende su brazo sobre el hombro del papa Pascual I, del siglo IX, el santo patrón de la iglesia. A diferencia de las otras figuras, no tiene un halo redondo sino un nimbo cuadrado para indicar que todavía estaba vivo cuando se creó el mosaico. En el altar mayor, la **escultura de Santa Cecilia** (1600) de Stefano Maderno la retrata con el cuello degollado y un velo en la

Stefano Maderno esculpió a Santa Cecilia tal como se decía que fue encontrada en su tumba.

cabeza. Sus restos se encuentran en la cripta bajo el altar. Por las mañanas puedes tocar el timbre del convento junto al pórtico y, tras una pequeña ofrenda a las monjas, podrás admirar el fresco de *El Juicio Final* (1293) de Pietro Cavallini.

Piazza Santa Cecilia in Trastevere 22 • 06 589 9289 • Basílica y metro: abiertos de lu. a vi. de 10:00-12:30 h y de 16:30-18:30 h. Frescos de Pietro Cavallini: abierto de lu. a vi. de 10:00-12:30 h • Autobuses: 23, 44, 75, 125, 280, 780

San Francesco a Ripa

3 Esta iglesia franciscana fue construida en 1230 en el complejo monástico donde se hospedó San Francisco de Asís durante su visita a Roma en 1219. La iglesia fue remodelada en estilo barroco en el siglo XVII. En el crucero izquierdo se encuentra la magistral y controvertida estatua de Gian Lorenzo Bernini *Éxtasis de la beata Ludovica Albertoni*, que la retrata acostada en una cama con los ojos cerrados y las manos sobre el cuerpo. La naturaleza sensual de la estatua confunde la idea de placer físico y espiritual de la misma

manera que lo hace en el *Éxtasis de Santa Teresa* (ver pág. 76).
El oratorio alberga la tumba del maestro de la pintura metafísica
Giorgio de Chirico.

Piazza San Francesco d'Assisi 88 • 06 581 9020 • Autobuses: 23, 44, 115, 125, 280

Santa Maria in Trastevere

4 Según la tradición local, la iglesia fue construida en el lugar
donde ocurrió una milagrosa erupción de petróleo en el año
38 a. C., y donde, más tarde, se fundó una comunidad cristiana. La
estructura actual es una reconstrucción del siglo XII de un edificio
original del siglo IV. En la fachada hay **mosaicos de la Virgen María
y el Niño Jesús**, rodeados por cinco mujeres. El
pórtico se añadió a principios del siglo XVII. En el
interior, las naves están divididas por columnas de
granito de época romana. La obra maestra de la
iglesia es el **ábside**, revestido de mosaicos de oro
y vidrio, con una representación de María
sosteniendo a Jesús en brazos, rodeada de santos y
mecenas, entre ellos el papa Inocencio II. Abajo,
los **mosaicos de Pietro Cavallini** ilustran
escenas de la vida de la Virgen (ver pág. 113).

Piazza Santa Maria en Trastevere • 06 581 9443 • Autobuses:
44, 115, 125, 780

INFORMACIÓN **PARA TURISTAS**

Recuerda traer algunas
monedas cuando visites la
Iglesia Santa Maria in
Trastevere para colocarlas en
la caja correspondiente para
iluminar los mosaicos en la
nave izquierda cerca del altar
principal. Dirígete al crucero
izquierdo y a la nave central
para ver el ábside.

Villa Farnesina

5 Ver págs. 154-155.

Via della Lungara 230 • www.villafarnesina.it • 06 6802 7397/7268 • € • Abierto
lu. a sá. de 09:00-14:00 h; solo el segundo do. del mes, de 09:00-17:00 h; posible apertura
extraordinaria bajo petición, información en el sitio web • Autobuses: 23, 280

Orto Botanico

6 El tranquilo Jardín Botánico de Roma sube por las laderas que
van desde Trastevere hasta el Janículo con una extensión de

12 ha, lo que antiguamente era el jardín del Palazzo Corsini. En los jardines, que forman parte de la Universidad de Roma desde 1983, crecen unas 3500 especies de plantas procedentes de todo el mundo. Entre ellas: el **bosque de bambú**, el **bosquede palmeras** y el **jardín japonés** contienen las especies más exóticas, y el **bosque mediterráneo**, una colección de variedades nativas.

Largo Cristina di Svezia 24 • www.060608.it • 06 4991 7116 (información)/ 06 49917107 (taquilla) • € • Abierto todos los días; mariposario cerrado lu. • Autobuses: 23, 280

San Pietro in Montorio

7 Esta iglesia se construyó a finales del siglo XV en el lugar donde, erróneamente, se cree que ocurrió el martirio de San Pedro. En el claustro, Bramante creó su obra maestra, el **Templete**, en 1502. Esta capilla con cúpula circular rodeada por 16 columnas dóricas es de proporciones pequeñas pero armoniosas y es muy representativa de la época renacentista de Roma.

Piazza San Pedro en Montorio 2 • www.sanpietroinmontorio. it • Templo de Bramante cerrado lu.; iglesia cerrada de 12:00-15:00 h y después de 16:00 h • 06 5813940 (iglesia)/06 5812806 (templo) • Autobuses: 115, 870

Gianicolo

8 El Janículo es la colina más alta dentro de las antiguas murallas en la parte sur del Trastevere. Si subes por la Via Garibaldi verás la **Fontana dell'Acqua Paola**, que toma su nombre del papa Pablo V y fue construida para celebrar la reapertura de un antiguo acueducto. Continúa hasta la entrada de **Villa Pamphilj**, el parque público más grande de Roma. Al noroeste de la fuente, el paseo conduce a la **estatua ecuestre de Giuseppe Garibaldi** y a un mirador.

Alrededor de Via Garibaldi•Autobuses: 115, 125, 870

DÓNDE **COMER**

■ LA GENSOLA
La especialidad de este restaurante familiar cerca de la isla Tiberina es el pescado a la parrilla, pero el menú también ofrece una selección de recetas romanas locales. **Piazza della Gensola 15, 06 581 6312, €€€**

■ IVO A TRASTEVERE
Esta concurrida pizzería cerca de Santa Maria in Trastevere sirve finas y crujientes pizzas, blancas y rojas, y muchos primeros platos tradicionales. **Via di San Francesco a Ripa 158, 06 581 7082, €**

■ LE MANI IN PASTA
Como su nombre indica, la pasta es el punto fuerte, aunque este restaurante cerca de Santa Cecilia también sirve excelentes platos de pescado. **Via dei Genovesi 37, 06 581 6017, €€€**

Villa Farnesina

La villa de Agostino Chigi, fuera de las murallas de la ciudad, presenta algunos de los frescos más animados y sensuales del Renacimiento.

Los frescos de Cupido y Psique en el techo de la logia son obra de Rafael.

Un triunfo de la gran formación artística y la arquitectura renacentista es Villa Farnesina, que fue la residencia de campo del banquero Agostino Chigi, uno de los hombres más ricos de la época. Terminada en 1509, fue la obra maestra de Baldassarre Peruzzi. En los años siguientes, el interior fue decorado por los pintores contemporáneos más innovadores y se crearon complejos jardines repletos de pabellones y fuentes. Más tarde, la propiedad pasó a la noble familia Farnese, de la que ahora toma su nombre, y actualmente pertenece a la Accademia dei Lincei.

LOGIA DE GALATEA

La primera sala de la planta baja debe su nombre al fresco de Rafael, *El triunfo de Galatea*, en el que se representa a la bella ninfa marina sobre un caparazón tirado por delfines. Tritones y ninfas bromean a su alrededor y, sobre ellos, los querubines con arcos y flechas apuntan hacia ella. El panel de la izquierda muestra a su pretendiente rechazado y desconsolado, **Polifemo,** pintado por otro artista, Sebastiano del Piombo. Peruzzi decoró el techo abovedado con **frescos de las constelaciones**, diseñados para representar el horóscopo de Chigis.

LOGIA DE CUPIDO Y PSIQUE

A un lado, los frescos inspirados en el mito de Cupido y la mortal Psique son obra de Rafael y sus alumnos (hacia 1518). Las escenas de su historia están separadas por guirnaldas de frutas y flores, algunas del Nuevo Mundo, representadas por primera vez en Europa.

SALA DE PERSPECTIVAS

En el piso superior, en la gran Sala de Prespectivas, Peruzzi pintó un **panorama ilusionista de Roma y de**

UNA **CURIOSIDAD**

Desde 2018, la Saletta Pompeiana ha vuelto a abrir sus puertas después de 80 años cerrada, gracias al trabajo de la Accademia dei Lindei en colaboración con el Instituto Superior de Conservación y Restauración. La sala ha cambiado su uso previsto muchas veces a lo largo del tiempo. Tanto su nombre como la decoración datan del siglo XIX.

su campiña vista a través de un trampantojo de una logia. Durante la restauración de las columnas se encontró un grafiti en alemán del siglo XVI, que dejó un invasor luterano durante el saqueo de Roma por Carlos V, y ridiculiza al pontífice: «1528: ¿por qué no debería reírme? Los Landsknecht hicieron huir al papa».

ESTANCIAS PRIVADAS

Giovanni Antonio Bazzi (conocido como el Sodoma) decoró las habitaciones privadas de los Chigi con frescos de la vida de Alejandro Magno. En *Las bodas del conquistador y Rossane*, los cupidos tiran de forma juguetona de la ropa de la princesa persa Rossane, mientras ella espera a Alejandro en el lecho conyugal.

Via della Lungara 230 • www.villafarnesina.it • 06 68027268/06 68027397 • € • Abierto de lu. a sá. de 09:00-14:00 h; solo segundo do. del mes, de 09:00-17:00 h • Autobuses: 23, 280

La cocina romana

A los romanos les gusta comer bien y dedican tiempo a la cocina para tener calidad en la mesa. Disfrutar de la cocina romana es tan importante como dar un paseo por el Foro Romano. Muchos restaurantes siguen anclados en la tradición y sirven platos clásicos elaborados con productos de temporada. De vez en cuando te encuentras con versiones modernas de recetas romanas, pero siempre fieles a los principios e ingredientes gastronómicos fundamentales de la ciudad.

La clásica pasta *cacio e pepe* se prepara tradicionalmente con tonnarelli (arriba). Comer al aire libre proporciona un mayor placer gastronómico en el almuerzo (derecha).

Cuatro platos

Tanto la comida (almuerzo) como la cena en Roma, igual que en el resto de Italia, puede constar de hasta cuatro platos: aperitivo, primer plato (a base de pasta), segundo plato (tradicionalmente cordero o asaduras) y, para terminar, el postre.

Ingredientes principales

Dos ingredientes habituales son: la alcachofa y el pecorino romano. Las alcachofas se preparan de dos formas: a la *giudìa* (fritas y condimentadas con sal) o a la romana (estofadas con hierbas y aceite de oliva). El pecorino romano, conocido como «*cacio*», es un queso elaborado con leche de oveja. Es típico el *quinto cuarto*, según la tradición romana las vísceras. En el siglo XIX, los trabajadores de los mataderos del Testaccio recibían parte de su salario en cortes de carne menos nobles, y en las tabernas se preparaban recetas con estos ingredientes. Busca los sitios donde sirven callos guisados, mollejas a la parrilla, rabo de toro estofado o tripas con pasta (*Pajata*).

Pasta y más pasta

Entre los platos clásicos está la famosa pasta *cacio e pepe* (pecorino rallado y pimienta negra, con tonnarelli caseros), los bucatini *all'amatriciana* condimentados con tomate, tocino y queso pecorino , y a la carbonara, preparados con una amplia variedad de formas de pasta, yemas de huevo, pecorino y tocino.

La pizza perfecta

La pizza más famosa es, sin duda, la pizza blanca, una focaccia espolvoreada con aceite de oliva virgen extra y aderezada con sal marina.
Se disfruta como snack, puedes comprarla en **Antico Forno Roscioli** *(Via de' Chiavari 34, 06 686 4045).*

PLATO **DEL DÍA**

El «cánon» de la cocina romana prescribe que determinados platos se preparen y consuman en ciertos días de la semana. Por ejemplo, el dicho «ñoquis del jueves» hace referencia a la tradición de los ñoquis de patata. A veces, los viernes, los romanos comen pescado, en particular bacalao, y los sábados *trippa alla romana* (tripa guisada con menta y tomates y espolvoreada con queso pecorino rallado).

Roma de noche

La «movida» romana, la vida nocturna de Roma, es legendaria por su variedad y su ritmo animado y ruidoso. Las zonas más populares ofrecen una amplia variedad para cada momento de la noche: aperitivo, cena, sobremesa y pura diversión.

■ TRASTEVERE

Este antiguo barrio de artistas y artesanos se ha convertido en el corazón de la vida nocturna romana. Hay muchas pizzerías recomendables: **Freni e Frizioni** (*Via del Politeama 4, 06 4549 7499, €€*), un bar ubicado en un antiguo garaje, sirve aperitivos y bebidas desde última hora de la tarde hasta bien entrada la noche; no te pierdas su famoso aperitivo.

■ PIAZZA NAVONA Y CAMPO DE' FIORI

Cerca de Piazza Navona y a pocos pasos del Tíber, el tradicional **Il Goccetto** (*Via dei Banchi Vecchi 14, 06 9944 8583, €€*) ocupa una parte de un antiguo palacio renacentista romano que no se completó debido al saqueo de Roma. Esta tienda de vinos todavía conserva los techos de madera originales y las paredes llenas de estantes para acomodar las numerosas botellas. El menú ofrece Chianti Classico y Prosecco, vinos italianos de pequeños viñedos, así como una gran selección de quesos y embutidos. Cuando se pone el sol, los puestos de frutas, verduras y flores de Campo de' Fiori (ver pág. 121) dan paso a la multitud que busca diversión.

La Fiaschetta (*Via dei Cappellari 64, 06 6821 0599, €€*) ofrece una gran selección de vinos y un ambiente animado. Aunque la cerveza italiana no es tan famosa como las alemanas o belgas, existe una buena comunidad de productores de cerveza artesanal, y **Open Baladin** (*Via degli Specchi 6, 06 683 8989*), cerca de Campo de' Fiori, muestra lo mejor de la cerveza italiana con un elección de más de un centenar de cervezas artesanales de todo el país y unas cuarenta cervezas de barril.

■ TESTACCIO

La zona de Testaccio, al sur de Roma, fue antiguamente un lugar de vías de

El Auditorio Parco della Musica, diseñado por Renzo Piano en el norte de Roma.

ferrocarril, mercados mayoristas y mataderos. Muchos de estos espacios se han transformado en discotecas, galerías y restaurantes. Antes de experimentar, prueba **Perilli** *(Via Marmorata 39, 06 575 5100, €€€),* abierto desde 1911, que ofrece un excelente menú romano. En la **Casa del Jazz** *(Viale di Porta Ardeatina 55, 06 704 731, €€€)* grandes artistas, como Stewart Copeland, Eddie Palmieri y Hot Tuna, atraen a grandes audiencias en los espacios de conciertos interiores y exteriores. El restaurante tampoco está mal.

■ NOTAS MUSICALES
En las noches de verano, cuando la temperatura es alta, los eventos al aire libre son muy interesantes. Para la música clásica, las Termas de Caracalla son el lugar más espectacular. Aquí, en el entorno mágico de las antiguas termas (ver págs. 167-168), el **Teatro de la Ópera de Roma** presenta obras desde Giuseppe Verdi y Giacomo Puccini hasta obras de *ballet,* así como espectáculos multimedia e innovadores. En el futurista **Auditorio Parco della Musica** *(Viale Pietro de Coubertin, www.auditorium. com),* el programa de verano incluye una serie de conciertos que van desde pop y *jazz* hasta música latina y *bluegrass.*

Del Ghetto al Testaccio

Varios barrios distintos abrazan un recodo del Tíber al sur del centro de la ciudad. Frente al Trastevere, el Ghetto era un pequeño barrio insalubre donde vivía la población judía, obligada por el papado. La zona se ha modernizado y una gran sinagoga celebra la liberación del gueto. En el sur, el Teatro di Marcello entretenía a los asistentes en la época romana, y dos templos del Foro Boario (un mercado de ganado) permanecen casi intactos. Cerca de allí, los grandes parques arqueológicos del Circo Massimo y las Termas de Caracalla son huellas de la monumentalidad de la arquitectura romana, mientras que el Aventino ofrece una vista de la tranquila y sombreada vida romana. El Testaccio, al pie de la colina, es un moderno barrio residencial con una animada vida comercial y nocturna.

◄ **Las tres columnas del Templo de Apolo se encuentran junto al Teatro di Marcello, con la sinagoga detrás de ellas.**

Del Ghetto al Testaccio

Sigue el curso de la historia de Roma desde los sitios arqueológicos hasta el moderno barrio del Testaccio.

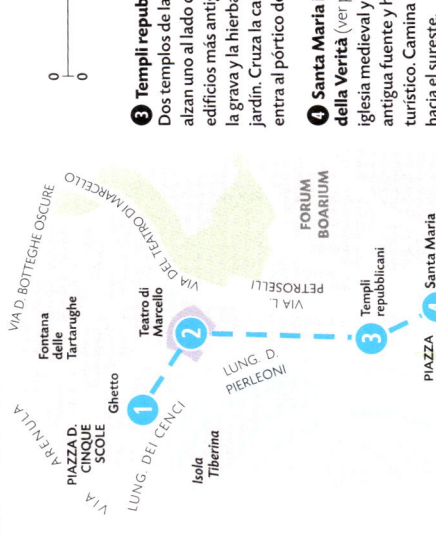

❶ El Ghetto (ver págs. 170-171) El Tempio Maggiore, una elegante sinagoga, domina la animada comunidad judía. Desciende hacia las ruinas de la Piazza 16 Ottobre 1943 y dirígete hacia la fachada curva del teatro romano.

❷ Teatro di Marcello (ver págs. 164-165) La fachada del antiguo teatro sostiene hoy edificios residenciales. Sube la rampa y dirígete hacia el sur por la Via del Teatro di Marcello y la Via L. Petroselli, hasta la Piazza Bocca della Verità.

❸ Templi repubblicani (ver pág. 165) Dos templos de la época republicana se alzan uno al lado del otro, entre los edificios más antiguos de Roma, sobre la grava y la hierba de un pequeño jardín. Cruza la calle en el semáforo y entra al pórtico de la iglesia.

❹ Santa Maria in Cosmedin y Bocca della Verità (ver pág. 166) Visita la iglesia medieval y la Bocca della Verità, antigua fuente y hoy punto de interés turístico. Camina un par de minutos hacia el sureste.

❺ Circo Massimo (ver págs. 166-167) Antiguo estadio para carreras de carros, que se ha convertido en un campo largo y polvoriento después de siglos de inundaciones y abandono. Sal por el extremo sureste y toma la Via delle Terme di Caracalla (500 m hacia la entrada).

6 Terme di Caracalla
(ver págs. 167-168) Los romanos socializaron durante tres siglos en el complejo termal mejor conservado de la ciudad. Vuelve al Circo Massimo y sube por la Via del Circo Massimo en dirección Piazzale Ugo La Malfa. Gira a la izquierda y toma la Via di Valle Murcia hacia Via di Santa Sabina.

7 Aventino (ver pág. 168) Un huerto de naranjos, la iglesia de Santa Sabina y una cerradura con vistas: todo en la Via di Santa Sabina. Toma la Via di Porta Lavernale para bajar de la colina y sigue por la Via Marmorata hacia el sur hasta la Via Caio Cestio.

8 Cimitero acattolico
(ver págs. 168-169) En este cementerio no católico están enterradas personas importantes de comunidades no católicas desde el siglo XVIII. Toma la Via Caio Cestio hacia el este, gira a la derecha en la Via Nicola Zabaglia y pasa por Monte Testaccio.

9 Testaccio (ver pág. 169) Este barrio del siglo XX conocido por sus excelentes restaurantes y su mercado ha sido un centro comercial desde la antigüedad. Admira sus restos comerciales y las industrias más modernas.

PIAZZALE
NUMA
POMPILIO

Terme
di
Caracalla

Circo
Massimo

PIAZZA
ALBANIA

VIALE AVENTINO

AVENTINO

PARCO
DELLA
RESISTENZA
DELL'8
SETTEMBRE

VIALE D. PIRAMIDE CESTIA

PIAZZA DI
PORTA
SAN PAOLO

Piramide

VIA   MARMORATA

Piramide
di Caio
Cestio

Museo
Montemartini

VIA CAIO
CESTIO

Cimitero
acattolico

VIA NICOLA ZABAGLIA

TESTACCIO

Testaccio

MONTE
TESTACCIO

LUNGOTEVE.

**DEL GHETTO AL TESTACCIO DISTANCIA: 5,5 KM DURACIÓN: 7 H APROX.
PARADAS DE AUTOBÚS: 23, 44, 83, 170, 716, 781**

El Ghetto

1 Ver pág. 170-171.

Entre la Via del Portico d'Ottavia, Piazza delle Cinque Scole y Lungotevere dei Cenci • Autobuses: 46, 60, 63, 80, 190, 280, 780, 781, 916

Teatro di Marcello

2 Julio César inició la construcción del teatro más grande e importante de la antigua Roma alrededor del año 50 a. C., y el emperador Augusto lo completó después del asesinato de César. Augusto dedicó a su difunto sobrino Marcelo este teatro inaugurado alrededor del año 13 a. C. La fachada curva de arcos de piedra del edificio, de la que se conserva un tercio, se convirtió en el modelo para teatros y anfiteatros (incluido el Coliseo, ver págs. 66-67) en todo el mundo romano. En el siglo V, hasta 20 000 personas llenaban el teatro para ver dramas, comedias y otras representaciones. En el siglo XI, se transformó en fortaleza y, en 1519, el arquitecto Baldassarre Peruzzi diseñó el palacio

El Teatro di Marcello, de 33 m de altura, se componía en su época de 41 arcos distribuidos en tres plantas.

renacentista que se puede ver superpuesto a la estructura original. Mira a través de los arcos que conducen a los pasillos y escaleras que los antiguos romanos utilizaban para llegar a sus sitios para actuar. Entre las ruinas cercanas están las del **Pórtico de Ottavia** (entrada a un complejo público), tres columnas de mármol del **Templo de Apolo Sosiano** (atributo que proviene de Cayo Sosio, cónsul que reconstruyó el edificio en el siglo V a. C.) y el podio de **Templo de Bellona**, la diosa guerrera. En el parque del teatro se celebran conciertos de música clásica en verano.

Via del Teatro di Marcello • www.060608.it • Cerrado 1 de mayo • Autobuses: 44, 81, 628

Templi repubblicani

3 Los restos relativamente bien conservados de dos templos sobreviven uno al lado del otro a la sombra del antiguo mercado de ganado de Roma, el Foro Boario. El rectangular **Templo de Portunus**, dedicado a una deidad portuaria y construido en el siglo IV o III a. C. con piedra local (volcánica), estaba cubierto con una capa de yeso que imitaba el mármol. Los cristianos transformaron el templo en iglesia en el siglo IX, velando por su conservación, y lo decoraron con notables frescos. Del mismo modo, el cercano **Templo de Hércules**, dedicado al héroe y semidiós del mismo nombre y construido en mármol griego, sobrevivió porque se convirtió en iglesia alrededor del siglo XII. Esta estructura circular, con 15 m de diámetro, es el templo de mármol más antiguo de Roma y data del siglo II o principios del I a. C. Inicialmente se identificó de forma errónea como un templo dedicado a la diosa Vesta, pero más tarde se descubrió que era uno de los varios santuarios que había en la zona dedicados a Hércules, protector del ganado.

Piazza Bocca della Verità • Autobuses: 44, 63, 81, 83, 628, 715, 716, 780

INFORMACIÓN **PARA TURISTAS**

El **Mercado Campagna Amica** se celebra los sábados y domingos de 08:00-15:00 h, en la Via di San Teodoro 74, al este del Ghetto. Echa un vistazo y tal vez te compres algo para almorzar en los soportales que hay detrás del mercado.

Santa Maria in Cosmedin y Boca della Verità

4 La Iglesia de Santa María in Cosmedin fue construida por una comunidad griega bizantina alrededor del siglo VIII. En su pórtico se encuentra la **Boca de la Verdad**, una antigua fuente romana con la cabeza de un dios del río tallada en bajorrelieve en la superficie. Según la leyenda, los mentirosos que metan la mano dentro de la boca serán mordidos por una serpiente. La iglesia es una joya de la arquitectura medieval y su interior es una amalgama de decoraciones romanas en piedra, incluido un **suelo de mosaico del siglo XII** y columnas que separan las naves.

Piazza Bocca della Verità 18 • www.060608.it • 06 678 7759 • Autobuses: 30, 44, 63, 81, 83, 118, 130, 160, 170, 628, 715, 716, 780, 781

DÓNDE **COMER**

■ **AGUSTARELLO**
Restaurante popular entre los lugareños, al norte del Testaccio, sirve platos típicos romanos: platos de pasta, cordero a la parrilla y asadura. **Via Giovanni Branca 100, 06 574 6585, €€**

■ **BAR MART.IN**
Párate en este bar-galería de arte, cerca del Circo Massimo, para desayunar o tomar un café rodeado de colores. **Via dei Cerchi 55/A, 06 6994 1232, €€**

■ **FLAVIO AL VELAVEVODETTO**
Cerca del Monte Testaccio, aquí sirven platos romanos como la carbonara y la *coda alla vaccinara* en salas adornadas con fragmentos de antiguas jarrones de terracota. **Via di Monte Testaccio 97, 06 574 4194, €€**

Circo Massimo

5 Según la leyenda, los reyes de Roma inauguraron el Circo Massimo en el siglo VI a. C., pero lo más probable es que este lugar no se desarrollara como zona de entretenimiento público hasta finales del período republicano. Carreras de carros, luchas con fieras, ejecuciones públicas y combates de gladiadores entretenían a la población; eran eventos organizados por los políticos para ganarse el favor de los espectadores. Los asientos estaban distribuidos en tres niveles: de piedra, hormigón y madera, respectivamente. A principios del siglo II, tenía una capacidad para unas 250 000 personas, cinco veces la del Coliseo. Dos obeliscos egipcios, que hoy se encuentran en la Piazza del Popolo (ver pág. 105) y en la Piazza San Giovanni in Laterano (ver pág. 84), adornaban una **larga pared,** llamada *spina* (espina), que dividía la calle. El circo cayó en desuso en el siglo VI, debido a las inundaciones que lo dejaron cubierto de barro. La mayor parte de la estructura fue expoliada y solo queda un área de 1 km de circunferencia aproximadamente. El circo es ahora un parque público, donde a menudo se realizan conciertos.

Via dei Cerchi y Via del Circo Massimo • www.060608.it • Metro: Circo Massimo, Línea B • Autobuses: 75, 81, 118, 160, 628, 715 • Tranvía: 3

Terme di Caracalla

6 El complejo termal más opulento de la Roma antigua, construido entre el año 211 y 216, es uno de los restos mejor conservados de la ciudad. Los bañistas entraban a las Termas de Caracalla por el noreste, dejaban sus objetos personales en el *apodyterium* y comenzaban el ritual del baño en el *calidarium* circular, la sala caliente. Después se relajaban en el *tepidarium,* la sala templada, antes de refrescarse en el *frigidarium,* donde se entretenían en las piscinas de agua fría. Los romanos entrenaban en los dos gimnasios simétricos que flanquean el *frigidarium.* Para finalizar, se sumergían en la *natatio,* una gran piscina de entrenamiento al aire libre, que ahora es una depresión poco profunda en el suelo. El resto de edificios alrededor de

El magnífico complejo de las Termas de Caracalla acoge parte de la temporada de ópera de verano.

la zona termal eran bibliotecas o salas de reuniones. Todo completo podía albergar a 10 000 personas. La mayoría de las decoraciones de mármol y mosaicos se han perdido, pero las paredes en ruinas aún nos dan una idea de la antigua grandeza de los baños. Actualmente, gracias a un proyecto especial, es posible reservar visitas para ver el balneario tal como debió ser en el momento de mayor esplendor, hace dos mil años. El **Teatro de la Ópera de Roma** *(www.operaroma.it, 06 4816 0214)* también organiza allí parte de la temporada de ópera.

Via delle Terme di Caracalla 52 • www.060608.it • €€ • Cerrado lu., 1 de enero y 25 de diciembre • Metro: Circo Massimo, Línea B • Autobuses: 628, 760

Aventino

7 El Aventino, una de las siete colinas de Roma, es un barrio residencial verde desde el que se puede disfrutar de una amplia vista de la ciudad. Dirígete al mirador occidental del pintoresco **Jardín de los naranjos** y siéntate entre los árboles para contemplar el río Tíber y el Trastevere. Al lado del parque está la Iglesia de **Santa Sabina** que data del año 430 d. C. aproximadamente y representa uno de los ejemplos más intactos de la arquitectura paleocristiana de la ciudad. Las puertas de madera de la iglesia son originales y contienen una de las representaciones más antiguas de la crucifixión de Cristo. En la siguiente plaza, detente delante de la puerta del palacio de los Caballeros de Malta y mira por el ojo de la **cerradura** y verás los jardines del palacio y la Basílica de San Pedro desde una hermosa perspectiva.

Entre Lungotevere Aventino, Via del Circo Massimo, Via Marmorata y Viale Aventino • Metro: Circo Massimo, Piramide, Línea B • Autobuses: 23, 30, 44, 83, 130, 170, 280, 716, 781

Cimitero acattolico

8 Este cementerio, situado entre las Murallas Aurelianas del siglo III, la Pirámide y el Monte Testaccio, nació ante necesidad de dar sepultura a los residentes no católicos de Roma, por lo que aquí se encuentran enterrados muchos protestantes pero también ateos, judíos, musulmanes y cristianos ortodoxos. Fue fundado en 1732 durante el apogeo del Grand Tour, período en el que muchos poetas, artistas e intelectuales del norte de Europa y América del Norte se establecieron en Roma, cuenta con más de 4000 tumbas. Entre las lápidas más destacadas se incluyen las del poeta inglés **John Keats** (1795-1821; ver pág. 105) y la de su amigo, el poeta **Percy Bysshe Shelley** (1792-1822).

Via Caio Cestio 6 • https://www.cemeteryrome.it/ • 06 574 1900 • Entrada libre • Cerrado do. tarde y en vacaciones • Metro: Piramide, Línea B • Autobuses: 23, 30, 75, 280, 716, 719 • Tranvía: 3

Entre las lápidas del cementerio no católico de Roma se encuentran las del poeta inglés **Percy Bysshe Shelley (arriba)** y el **poeta estadounidense Gregory Corso (1930-2001).**

Testaccio

9 El barrio del Testaccio, del siglo XX, está situado entre el Aventino y un recodo del Tíber. Sus edificios, principalmente residenciales, están dispuestos en cuadrícula. Su plaza principal, **Piazza di Testaccio**, ha sido remodelada recientemente y ahora alberga en el centro la fuente de travertino de Pietro Lombardi. En la parte sur del Testaccio hay una ruina inusual: un antiguo vertedero que ahora es una colina de 36 m de altura, donde han crecido árboles y vides. Apodado **Monte Testaccio**, esta zona está formada por millones de fragmentos de ánforas de terracota que alguna vez se usaron para transportar mercancías desde antiguos almacenes; los fragmentos de las vasijas estuvieron amontonados allí desde el año 140 a. C. hasta el 250 d. C. aproximadamente. Con el paso del tiempo se construyeron diversos edificios en las laderas del cerro, cuya importancia no se comprendió hasta el siglo XVIII. Al lado está el antiguo **matadero**, que se ha transformado en un lugar para exposiciones de arte contemporáneo (ver pág. 172).

Entre Via Marmorata, Lungotevere Testaccio y Via Ostiense • Metro: Piramide, Línea B • Autobuses: 170, 719, 781 • Tranvía: 3

El Ghetto

Aunque el gueto fue abolido y la zona reconstruida, el barrio sigue siendo el centro de vida de la comunidad judía de Roma.

Las casas refinadas sustituyeron a las precarias viviendas en el Ghetto en el siglo XVIII.

A lo largo de los 22 siglos de historia de la ciudad, la comunidad judía ha sido sometida a largos períodos de persecución. El papa Pablo IV creó el Ghetto en 1555 y declaró que era «absurdo e incorrecto» que los judíos vivieran entre cristianos, por ello los confinó a una zona equivalente a cuatro manzanas de la ciudad, los despojó de sus derechos y limitó sus ocupaciones y su libertad religiosa. Cuando el papado perdió su autoridad política tras la unificación italiana, fue el momento en el que la comunidad judía recuperó sus derechos y su ciudadanía.

■ La panadería del Ghetto Boccioni

La panadería *kosher* l'Antico Forno Boccione *(Via del Portico d'Ottavia 1)* es una institución romana regentada por una familia que ha transmitido recetas de generación en generación, muy conocida por sus productos horneados ligeramente calientes. Aquí huele a galletas de canela, pasta de almendras, pasteles de ricotta y pizza judía (una hogaza compacta de fruta confitada y nueces), todo un culto para los romanos (ver pág. 25).

■ Museo Judío

El Museo Judío alberga en la primera sala una colección de unos 900 tejidos de la época del gueto. Entre los objetos expuestos hay terciopelos de época renacentista adornados con hilos de oro, encajes barrocos y tejidos franceses del siglo XVIII. Otras salas del museo documentan la historia de la vida judía romana desde la antigüedad hasta la actualidad, incluida la de los judíos libios que llegaron a Roma en 1967, después de escapar del pogromo en su país de origen.

UNA **CURIOSIDAD**

La Piazza 16 Ottobre 1943, una plaza solemne frente al Pórtico de Ottavia, rinde homenaje a los judíos deportados durante la ocupación nazi. En la mañana del 16 de octubre de 1943, los nazis entraron en el gueto y, buscando de puerta en puerta, detuvieron a mil judíos, la mayoría de los cuales eran mujeres y niños. Más de 2000 judíos romanos fueron enviados a campos de concentración al norte de Europa.

■ Templo Mayor

La entrada al Museo Judío incluye una visita al Templo Mayor, la sinagoga más grande de la ciudad y el primer edificio erigido en la zona tras el fin del período del gueto en 1870. El templo de planta central, construido por dos arquitectos católicos en 1904, recuerda a una iglesia. Los techos están pintados con símbolos del Antiguo Testamento: estrellas, cedros del Líbano y el arco iris.

■ Via del Portico d'Ottavia

Sigue la antigua frontera norte del gueto. Hoy sus tiendas, restaurantes *kosher* y escuela judía forman el núcleo de la vida contemporánea de la comunidad romana.

Entre Via del Portico d'Ottavia, Piazza delle Cinque Scole y Lungotevere dei Cenci • Museo Judío y Templo Mayor: Via Catalana • www.museoebraico.roma.it • 06 6840 0661 • €€ • Cerrado vi. tardes, sá. y fiestas judías • Autobuses: C3, H, 23, 40, 46, 62, 64, 70, 81, 87, 130, 190, 492, 916

La Roma de moda

El Testaccio ocupa un lugar destacado en la lista de barrios de moda en Roma, con sus calles sinuosas que albergan bares donde se relajan los amantes del arte y el cine. Hay galerías, espacios temáticos y parques llenos de música, además del prestigioso MAXXI, el Museo de Arte del siglo XXI.

■ MATTATOIO

La historia del barrio del Testaccio es similar a la evolución del Meatpacking District de Nueva York: un antiguo matadero (*mattatoio*) donde los artistas son la fuerza motriz y un presente y un futuro vibrantes. Con su horario de apertura juvenil (de 16:00 h a medianoche), el Mattatoio di Testaccio atrae a estudiantes universitarios y jóvenes profesionales. Los espacios abiertos de los dos pabellones principales (antiguos mataderos renovados) se prestan perfectamente a las formas de arte experimentales y crean uno de los espacios arquitectónicos más fascinantes de Roma.

Piazza Orazio Giustiniani 4 • www. mattatoioroma.it • € • Cerrado lu., 1 de enero, 1 de mayo, 24 y 25 de diciembre, 31 de diciembre.

■ MAXXI

En el barrio Flaminio, a 1,5 km aproximadamente al norte de la Piazza del Popolo, se ubica el MAXXI (Museo Nacional de las Artes del siglo XXI), una obra maestra arquitectónica diseñada por la famosa Zaha Hadid. Cuando se recorren las salas de exposición, iluminadas por la luz natural, la energía creativa que emana este espacio se vuelve casi tangible. Las exposiciones más frecuentes son de arquitectura; el MAXXI es el primer museo nacional centrado en este sector específico. Pero también hay una notable colección de arte contemporáneo, con especial atención a los artistas italianos. No te pierdas la luminosa cafetería del salón principal y el restaurante **Mediterraneo. Ristorante e Giardino** (*cerrado lu., 391 7053069, €€*), un «encuentro entre Oriente y Occidente» que reúne platos tradicionales mediterráneos y *sushi* y otras especialidades asiáticas.

Via Guido Reni 4A • www.maxxi.art • 800266300 • €€ • Cerrado lu., 1 de mayo, 25 de diciembre.

El arte y la arquitectura hacen del MAXXI el principal destino del itinerario de Roma de moda.

■ DISCOTECAS Y *PUBS*

El Testaccio es un barrio muy animado, con lugares muy particulares. En **Tram Depot** (*Via Marmorata 13, 380 645 5154*) podrás pedir cafés especiales, un almuerzo rápido o aperitivos para tomar a la sombra de los árboles del parque, es un quiosco que recuerda las líneas y colores de los tranvías romanos. En los días calurosos de verano, pide la *grattachecca*, un granizado típico de Roma (del que existe una versión de aperitivo). En dirección a la zona de Pigneto, al este del centro de la ciudad, encontrarás un lugar muy conocido por sus camareros caprichosos, **CoSo** (*Via Braccio da Montone 80, 393 658 3230*), un lugar perfecto para tomar una copa fuera de lo común en compañía y donde la carta de cócteles se actualiza a menudo. En el Pigneto, un barrio con un pasado humilde que se ha convertido en una zona animada y de mucha variedad tanto por la mañana como por la noche, se encuentra **Necci** (*Via Fanfulla da Lodi 68, 06 9760 1552*), un restaurante desde 1924 que en el pasado era el lugar de encuentro del director Pier Paolo Pasolini, un sitio cautivador y prácticamente abierto a todas horas, desde el desayuno hasta las copas de la noche.

PARTE TRES

Consejos de viaje

PROGRAMAR EL VIAJE

Cuándo ir

A partir de mayo y durante todo el verano, la vida social en Roma se desarrolla al aire libre; bares y restaurantes trasladan mesas a las calles y plazas y hay innumerables cines al aire libre y festivales culturales. En agosto, muchos comercios y restaurantes cierran, y si le sumamos el calor, quizá sea la época menos adecuada para visitar la ciudad, aunque últimamente cada vez son más los negocios que deciden permanecer abiertos también durante este mes. En los últimos años, los precios de los hoteles han aumentado de forma considerable, pero puedes encontrar descuentos, por ejemplo en enero y febrero.

Clima

En Roma los inviernos son suaves y húmedos; las temperaturas rara vez descienden por debajo de cero y casi nunca nieva. En primavera y otoño, el tiempo puede ser lluvioso (especialmente en octubre y noviembre) pero no hace frío: aun así es aconsejable llevar varias capas, porque la diferencia de temperatura entre el día y la noche puede ser considerable. El verano, en cambio, tiende a ser seco y caluroso, a menudo tórrido en julio y agosto, y puede que haya algunas lluvias repentinas.

Documentación

Tu estancia en el hotel requiere verificar tus documentos de identidad en el momento del *check-in*.

CÓMO LLEGAR

En avión

Roma tiene dos aeropuertos internacionales: **Leonardo da Vinci-Fiumicino**, a unos 30 km al suroeste de Roma; y el **Ciampino,** más pequeño, al sureste de la ciudad. Ambos están gestionados por Aeroporti di Roma *(www.adr.it, 06 65 951).* El sitio web también proporciona información de vuelos y transporte en tiempo real.

Llegar al centro desde Fiumicino

Hay dos líneas ferroviarias que conectan el aeropuerto con el centro de Roma.
El **Leonardo Express**, que sale cada 15 min desde la estación Termini sin paradas intermedias.
El tren FL1 hacia Trastevere, Ostende, Tuscolana y Tiburtina que sale cada 15 min entre semana y cada 30 min en los días de verano. Para conocer los horarios de salida exactos, consulta la web de Trenitalia *(www.trenitalia.com).*
También existen varios servicios de autobús entre el aeropuerto de Fiumicino y la ciudad, especialmente hacia las estaciones de tren: **Cotral** *(www.cotralspa.it),* **Rome**

Airport Bus - Schiaffini *(www.romeairportbus.com),* **Sit Bus Shuttle** *(www.sitbusshuttle. com),* **T.A.M.** *(www.tambus.it)* y **Terravision** *(www.terravision.eu).* Puedes comprar los billetes en quioscos o directamente en el autobús (aunque en ocasiones en estos cobran algún recargo).

Llegar al centro desde Ciampino

Está disponible el servicio Trenitalia Ciampino Airlink (combinado de tren y autobús) que conecta el centro de la ciudad y el aeropuerto. El autobús, que sale cada 20 minutos, llega a la estación de Ciampino sin hacer paradas intermedias, y desde allí continúa hacia Termini. Además, numerosas compañías de autobuses conectan el aeropuerto con la estación Termini (coinciden con las compañías que operan desde Fiumicino).

En taxi

Las tarifas estándar vigentes desde y hacia los aeropuertos son: dentro de las Murallas Aurelianas, 48 € para Fiumicino y 30 € para Ciampino.

En lanzadera

Limusina Aeropuerto Roma
(https://airportromelimousine.com/) ofrece un servicio de limusina a los aeropuertos de Roma y otras ciudades italianas.
Si vas solo con mucho equipaje o sois un grupo grande, el

Airport Shuttle (www.airportshuttle.it) puede resultar útil.

CÓMO MOVERSE

Transporte público

Autobuses, tranvías y metros están integrados en un único sistema de transporte público gestionado por la empresa de movilidad ATAC-Roma Capitale. Los billetes se pueden adquirir en estancos, quioscos, en algunas estaciones de metro y en máquinas expendedoras ubicadas en puntos clave (visita el sitio web www.atac.roma.it para más información).
Un billete normal (BIT - biglietto integrato a tempo) permite viajar durante 100 min tanto en autobuses, tranvías, metros y trenes.
El billete de un día (Roma 24H) tiene una validez de 24 h desde que se sella.
También existen otros para dos o tres días (Roma 48H y Roma 72H, respectivamente).
También puedes adquirir un billete semanal.
(CIS - carta integrata settimanale). Todos los billetes deben sellarse en el primer viaje y nuevamente si tomas el metro o viceversa. Las máquinas de validación se encuentran tanto en las entradas de las estaciones de metro y tren como a bordo.
Viajar sin billete, con billete no validado o caducado conlleva una multa de al menos 50 €.

Metro

Roma dispone de tres líneas: A, B (cuyo ramal se llama línea B1) y C. Las líneas A y B se cruzan en Termini, las líneas A y C lo hacen en San Giovanni. En 2023 la línea A está parcialmente afectada por obras. Visita el sitio web www.atac.roma.it para más información sobre los autobuses de sustitución.

Autobuses y tranvías

La empresa concesionaria del transporte público es ATAC, que opera un gran número de autobuses y tranvías para llegar a casi todas las partes de la ciudad (aunque el tráfico es bastante lento durante las horas punta). Después de medianoche, este servicio se sustituye por el nocturno. Actualmente se están renovando muchas vías del tranvía y, por lo tanto, en algunas rutas se deberá tomar un autobús; consulta la web de ATAC para conocer las actualizaciones.

Taxi

Los taxis están disponibles en las paradas indicadas. Puede resultar complicado parar un taxi en la calle y por ley no se puede recoger a un cliente a menos de 100 m de la parada. Cuando el taxi está libre, llevará encendido el cartel luminoso en el techo. El precio irá en función de la distancia recorrida.
Las tarifas son más altas los domingos, días festivos y por la noche. La primera maleta está incluida en el precio, y se pagará 1 € por cada maleta adicional. Las tarifas deben mostrarse en el taxímetro. La propina es opcional pero es útil si necesitas ayuda para cargar tu equipaje. Aunque ahora casi todo el mundo acepta tarjetas de crédito es preferible pagar en efectivo.
Para llamar a un taxi: Radio Taxi 3570, 06 3570; Pronto Taxi 6645, 06 6645; Samarcanda, 06 5551; Chiama Taxi, 06 0609.

Trenes

En Roma hay seis estaciones principales de intercambio (Flaminio, Trastevere, Ostiense, Tuscolana, Termini, Tiburtina), integradas con servicios de metro, autobús y tranvía. Los trenes que conectan Roma con otras ciudades del Lazio o con el resto de Italia salen de las estaciones Termini o Tiburtina. Los billetes se pueden comprar online directamente en Trenitalia (www.trenitalia.it), que proporciona información sobre el viaje y en la estación.

Tours y visitas guiadas
Por ti mismo

Si no tienes problemas de tiempo, Roma es fácil de visitar por tu cuenta, aunque debes ser flexible.
En general, los lugares arqueológicos están abiertos todo el día. La última hora de entrada a los museos es una hora antes del cierre. Las iglesias

suelen cerrar de 12:00-15:00 h y alrededor de las 19:00 h. La oficina de turismo de Roma (*www.060608.it, 06 0608*) proporciona información sobre eventos, horarios, transporte y mucho más.

También hay muchos puntos de información en quioscos repartidos por la ciudad. En cualquier caso, para evitar largas esperas o, peor aún, encontrar todo agotado, es recomendable (y, en algunos casos, necesario) reservar con antelación por internet.

Bus turístico
City Sighstseeing
(*tel. 324 811 4807, www. city-sightseeing.it/it/roma*) ofrece tours con visitas guiadas a los principales monumentos y puntos de interés. Los billetes se pueden adquirir por internet o a bordo de los Open Buses.

Alquiler de bicicletas y motos
Roma cuenta con alrededor de 160 km de carriles bici y hay muchas agencias de alquiler de bicicletas y ciclomotores. Los más convenientes son **Scooter Rent** en la estación Termini (*a la derecha de Piazza dei Cinquecento, www.rent.trenoescooter.com, 349 416 9730*) y **Bici & Baci** (*Via del Viminale 5, www.bicibaci.com, 06 482 8443*). Entre las rutas más recomendadas están el Lungotevere y el Parque Appia Antica.

CONSEJOS PRÁCTICOS

Dinero
Intesa Sanpaolo, *Via del Corso 226, 06 6976 0921.*
Banca Nazionale del Lavoro (BNL), *Largo di Santa Susanna, 06 0060.*
Robo o pérdida de tarjetas de crédito:
• American Express, tel. 06 7290 0347
• Nexi, tel. 02 345 444
• Mastercard, tel. 800 870 866
• Visa, tel. 800 819014

Días festivos
1 de enero, 6 de enero, Semana Santa, Lunes de Pascua, 25 de abril, 1 de mayo, 2 de junio, 29 de junio (solo Roma), 15 de agosto, 1 de noviembre, 8 de diciembre, 25 de diciembre, 26 de diciembre.

Horarios de apertura
Los horarios en Roma pueden ser impredecibles y, a veces, dificultan las visitas y las compras. Las tiendas en barrios como el Trastevere o Testaccio generalmente cierran para el almuerzo (de 13:00-13:30 h y de 15:30-16:00 h), así que es mejor que llames antes para asegurarte. En el centro y en las calles principales, sin embargo, los establecimientos suelen estar abiertos todo el día, especialmente las cadenas internacionales. Los bancos están abiertos al público de

08:30 u 08:45 a 13:30 h y de 14:45 a 16:15 h, de lunes a viernes; muy pocos están abiertos los sábados por la mañana. La mayoría de las tiendas de ropa cierran los lunes por la mañana. Muchos supermercados suelen abrir los domingos, pero no todos. Los bares abren temprano por la mañana; algunos cierran a las 20:00 h, pero muchos en el centro permanecen abiertos hasta la medianoche o las 02:00 h. Muchos comercios cierran durante las vacaciones de verano en agosto; algunos solo durante 15 días y otros todo el mes.

Lavabos
En Roma hay pocos baños públicos, pero los bares y cafeterías suelen dejarte usar los suyos (aunque es habitual pedir una botella de agua o tomar un café en la barra).

Viajeros con diversidad funcional
Roma no es una ciudad fácil para quienes tienen dificultades de movilidad. Aunque, hoy en día, la mayoría de los museos ya disponen de acceso y están equipados adecuadamente, la entrada y salida de muchos centros comerciales, tiendas, restaurantes y hoteles aún no lo está. Para más información sobre accesibilidad en los Museos Vaticanos como los de la ciudad de Roma, consulta el sitio web.

Muchas aceras no tienen disponen de rampas, y las que hay suelen ser empinadas. Los elevadores de sillas en las escaleras de museos e iglesias son pequeños y tienen una capacidad de carga limitada. Para más información sobre el acceso al metro y conocer algunas cosas más sobre la accesibilidad para personas con movilidad reducida o con necesidades especiales, consulta la web *www.060608.it*

Puedes informarte sobre las visitas guiadas accesibles para personas con diversidad funcional en agencias como **Roma and Italy** *(Via Giuseppe Veronese 50, www.romeanditaly. com, 06 4425 8441)*, que también ofrece organización de transporte y personal competente.

EMERGENCIAS

Consulado español: Palacio **Borghese,** *Largo della Fontanella di Borghese, 19, 00186 Roma +39 066840401/2/3/4 emb.roma@maec.es*

Números de teléfono de emergencia
Número único europeo de emergencia, *tel. 112* **Cruz Roja Italiana**, *tel. 06 5510*

Farmacias
Farmacia della Stazione, *Piazza dei Cinquecento 49, 06 4880 019* **Farmacia Internazionale**, *Piazza Barberini 49, 06 487 1195* **Farmacia Piazza Bologna**, *Piazza Bologna 19, 06 4429 1150* **Farmacia Piram**, *Via Nazionale 228, 06 488 4437* **Farmacia Vaticana**, *Via di Porta Angelica (entrada al Vaticano por Porta Sant'Anna, 06 6988 9806,*

de 08:30-18:00 h, sábado de 08:30-13:00 h.

Objetos perdidos
Para objetos perdidos, puedes ponerte en contacto con la dirección de correo electrónico ufficiosmarriti@ccmune.roma.it o con el número de teléfono 06 6769 3220. La **oficina de objetos perdidos** está ubicada en Circonvallazione Ostiense 191, abierta de 08:30-13:00 h los lunes, martes, miércoles y viernes de 08.30-17:00 h, jueves.

Los documentos se devuelven sin coste alguno, mientras que para la devolución de objetos se debe hacer una aportación desde los 9 € a los 24 € si el objeto lleva más de 30 días almacenado. Para objetos de valor también es necesario presentar el parte de pérdida y tu documento de identidad (o una autorización).

HOTELES

Roma no destaca por la calidad de sus hoteles, aunque los haya lujosos y fascinantes, con muebles antiguos o de construcciones más nuevas. Tómate un tiempo para investigar un poco (puedes empezar por los que te indicamos a continuación). Al fin y al cabo, Roma es una ciudad pequeña, y estarás siempre cerca de los principales puntos turísticos, pero si no dispones de mucho tiempo, busca algo cerca de lo que quieres visitar. Los hoteles pueden ser muy caros, pero hay ofertas incluso en temporada alta (reserva con antelación en la web del hotel).

CONSEJOS DE VIAJE

Ante la escasez de alojamiento de calidad a precios razonables, lo mejor es reservar con la bastante antelación y así poder elegir. Normalmente, se pide un depósito o un número de tarjeta de crédito. Algunos hoteles no aceptan American Express ni Diners Club, así que consulta antes si la intención es pagar con alguna de estas tarjetas.

El centro de Roma (en especial Trastevere y alrededor de Piazza Navona y Campo de' Fiori) son muy ruidosos hasta las 2 o 3 de la mañana. Si reservas en estos barrios, pide una habitación tranquila y trae tapones para los oídos. Recuerda que muchos de los hoteles más antiguos tienen habitaciones pequeñas, pide verlas antes de aceptar.

Todavía no hay muchos hoteles con habitaciones totalmente accesibles para personas con problemas de movilidad, aunque los responsables harán todo lo posible por ayudarte, sobre todo si se lo avisas con antelación. Encontrar aparcamiento en la calle en el centro histórico es muy difícil, pero la mayoría de los hoteles recomiendan un garaje, pero tendrás que pagar un suplemento. Infórmate con

antelación si lo necesitas, aunque en Roma no se recomienda conducir.

Clasificación de los hoteles

Los hoteles se clasifican según parámetros estatales que asignan de una a cinco estrellas, en función del número de habitaciones con baño privado, TV y otros servicios, más que por el estilo o la comodidad. Sin embargo, el criterio no siempre es fiable. Salvo que se indique lo contrario, todos los hoteles reseñados en esta guía cuentan con baño en todas las habitaciones (los de categoría superior tienen tanto bañera como ducha; los más económicos solo tienen una de las dos). El IVA y el servicio ya están incluidos en el precio y también el desayuno, salvo que se indique lo contrario. Los rangos de precios son orientativos y no se tiene en cuenta si hay variaciones en temporada alta o baja.

Otros tipos de alojamiento

Muchos monasterios y conventos alquilan cómodas habitaciones a precios

razonables. Visita los siguientes sitios web para obtener más información: www.santasusanna.org, www.monasterystays.com y www.hspettis.it.

Para alquilar un apartamento por un período corto de tiempo, consulta www.vrbo.com, www.vacationrentals.com y www.romaclick.com.

Organización

Los hoteles listados en estas páginas se han agrupado primero por barrio, y después alfabéticamente por rango de precios.

Rango de precios

El precio se refiere a una habitación doble en temporada alta. El rango se informa en función del número del €.

€€€€€	Más de 320€
€€€€	250€-320€
€€€	175€-250€
€€	85€-175€
€	Menos de 85€

Leyenda

🛏 Núm. de habitaciones 🚇 Medio de transporte 🅿 Aparcamiento 🛗 Ascensor ❄ Aire acondicionado 🏋 Gimnasio y bienestar 🏊 Piscina al aire libre 🕐 Cerrado 💳 Tarjetas de crédito

ROMA ANTIGUA

Hasta hace poco, el barrio de Monti (a ambos lados de la Via Cavour) estaba muy concurrido durante el día y tranquilo por la noche. Hoy en día, está repleto de bares, *pubs* y restaurantes, y se ha convertido en un destino de vida nocturna.

Metro: Barberini, Línea A • Autobuses: 60, 63, 71, 83, 85, 117

■ The Inn at the Roman Forum
€€€€
VIA DEGLI IBERNESI 30
TEL. 06 6919 0970
www.theinnattheromanforum.com
A pocos pasos del Foro Romano, en este hotel de lujo se encuentran antiguas ruinas romanas, un criptopórtico formado por dos galerías y una columnata. Algunas de las habitaciones tienen una pequeña terraza con vistas a un jardín sombreado, un lugar encantador para tomar una copa.

19 *(habitaciones y apartamentos)*

■ Forum
€€€
VIA TOR DE' CONTI 25
TEL. 06 679 2446
www.hotelforum.com
La decoración y el ambiente de este gran hotel situado en un rincón tranquilo detrás de los Foros Imperiales recuerdan a un club británico. Las habitaciones son de distintos tamaños, pero todas están bien amuebladas.

73 *Principales tarjetas*

■ Nerva
€€€
VIA TOR DE' CONTI 3
TEL. 06 679 3764
www.hotelnerva.com
Este agradable hotel, a pocos pasos del Foro Romano, tiene una decoración elegante y cuidada. Las zonas públicas están decoradas de forma adorable y las habitaciones son confortables: desde las individuales hasta las que están acondicionadas para padres con dos niños pequeños.

20 *(separado)*

DEL COLISEO A SAN PIETRO IN VINCOLI

Las calles que rodean el Coliseo, especialmente la Via Capo d'Africa, están renaciendo. Se han abierto nuevos hoteles, han surgido restaurantes innovadores y los bares permanecen abiertos hasta altas horas de la madrugada.

Metro: Colosseo, Línea B • Autobuses: C3, 60, 75, 81, 85, 87, 175, 673

■ Palazzo Manfredi
€€€€€
VIA LABICANA 125
TEL. 06 7759 1380
www.manfredihotels.com/roma
Un hotel elegante frente al Coliseo y al lado del estadio de gladiadores. Las habitaciones están decoradas con buen gusto. La terraza ofrece vistas espectaculares, especialmente al atardecer y por la noche, y se puede acceder a ella reservando una mesa en el restaurante del hotel, Aroma, dirigido por el chef Giuseppe Di Iorio.

22 *(extra)*

■ Celio
€€€
VIA DEI SANTI QUATTRO CORONATI 35C
TEL. 06 7049 5333
www.hotelcelio.com
Ubicado en un edificio de 1870 en una calle tranquila cerca del Coliseo, este hote dispone de amplias habitaciones decoradas con frescos con reproducciones de obras del Renacimiento y del Barroco. Las habitaciones de los pisos superiores cuentan con bañera de hidromasaje, además de una terraza con vistas al Coliseo y tumbonas para disfrutar de las vistas. El desayuno se sirve en la habitación o en la terraza.

19 *(extra)*

■ Capo d'Africa
€€
VIA CAPO D'AFRICA 54
TEL. 06 772 801
FAX 06 7728 0801
www.hotelcapodafrica.com
Ubicado a la sombra del Coliseo, este hotel de 4 estrellas combina estilos clásicos y contemporáneos. Las habitaciones están amuebladas con mucho detalle. También hay una magnífica vista del Coliseo desde la terraza. El desayuno es aparte.

64 *(extra)*
Principales tarjetas

DE LETRÁN A LAS TERMAS DE DIOCLECIANO

Aunque la zona cercana a la estación Termini no es la mejor por la noche, el ambiente cambia si te alejas un poco. Aquí hay hoteles y restaurantes

CONSEJOS DE VIAJE

desde los más sencillos hasta los más lujosos.

■ Gran St. Regis
€€€€€
VIA V.E. ORLANDO 3
TEL. 06 47 091
www.stregis.com
Un tradicional hotel de lujo con espacios comunes bien decorados, con columnas de mármol y alfombras orientales estampadas. Las habitaciones, amplias y confortables, están amuebladas con antiguos muebles. Impresionante es el Lumen (con el nuevo Garden), un bar de cócteles y restaurante excepcional, que sirve platos tradicionales e innovadores en un entorno exclusivo.
🛈 138 más 23 suites 🚇 Metro: Repubblica, Línea A • Autobuses: 60, 61, 66, 82, 590, 910 🅿 Garaje (extra) 🔁 💳 📺 🎿

■ Hotel Alpi
€€€
VIA CASTEL FIRDO 84 TEL. 06 444 1235
www.hotelalpi.com
Un edificio art nouveau de 1870, muy cerca de la estación Termini, y con precios asequibles. Dispone de terrazas perfectas para un desayuno, una merienda rápida o un momento romántico.
🛈 48 🚇 Autobuses: 38, 60, 62, 360, 492 🅿 (extra) 🔁 💳 🎿

DEL QUIRINAL A VIA VENETO
Muchos hoteles de lujo en Roma se ubican en Via Vittorio Veneto, que se hizo famosa por la película La dolce vita de Federico Fellini. El encanto de los años 50 ha desaparecido, pero existen numerosos lugares que realzan la zona.
🚇 Metro: Barberini, Línea A • Autobuses: 52, 53, 62, 63, 71, 80, 83, 85, 100, 117, 492

■ Eden
€€€€€
VIA LUDOVISI 49
TEL. 06 478121
www.dorchestercollection.com
Este exclusivo hotel es el favorito de las celebridades internacionales. Cada detalle es fascinante y ha sido renovado y redecorado recientemente. Desde su famosa terraza hay vistas espectaculares hasta San Pedro, y también cuenta con un restaurante de estrella Michelín. Se permiten mascotas.
🛈 98 🅿 Garaje 🔁 💳 🎿 Principales tarjetas

■ Aleph
€€€€€
VIA SAN BASILIO 15
TEL. 06 422901
www.hilton.com/en/hotels/ fcoahqq-aleph-rome-hotel/
Hotel de lujo dentro de un antiguo edificio que fue la primera sede histórica de la Cassa di Risparmio, con mármol verde y ónix, en plena opulencia de los años 30. Tiene una de las pocas salas interiores para fumadores que quedan en Roma, con cómodos sillones de cuero donde se puede tomar coñac. Las habitaciones son de estilo contemporáneo. Las vistas desde la piscina de la azotea son hermosas, y dispone de bar de cócteles.
🛈 102 🅿 (extra) 🔁 💳 📺 🎿 Principales tarjetas

■ Westin Excelsior
€€€€€
VIA VITTORIO VENETO 125
TEL. 06 47081
www.marriott.com
Este majestuoso hotel con magníficos tejidos y muebles antiguos dispone de hermosas habitaciones, y entre las suites destaca Villa La Cupola, de dos plantas, donde se puede vivir una experiencia lujosa y única. El desayuno es aparte.
🛈 281 más 35 suites 🅿 (extra) 🔁 💳 📺 🎿 Principales tarjetas

■ Fontana
€€€
PIAZZA DI TREVI 96
TEL. 06 678 6113
www.hotelfontana-trevi.com
Las vistas de la Fontana de Trevi desde el salón de la azotea y la sala de desayunos (incluido en el precio) de este pequeño hotel son impresionantes. Las habitaciones de este antiguo edificio del siglo xiv (que antes era un monasterio) son de todos los tamaños y formas. El ruido de la carretera puede quitarnos el sueño en verano.
🛈 25 🔁 💳 🎿 Principales tarjetas

■ La Residenza
€€
VIA EMILIA 22-24
TEL. 06 488 0789
www.hotel-la-residenza.com
En esta residencia reformada, cerca de Via Vittorio Veneto, el personal es atento y las habitaciones confortables. El bar de cócteles, la terraza, y el bistró Il Cortile son muy acogedores.
🛈 29, incluidas algunas junior suites 🔁 💳 🎿 Principales tarjetas

DE PLAZA ESPAÑA A VILLA BORGHESE

La zona comercial también cuenta con varios hoteles y restaurantes bonitos y originales.

🚇 *Metro: Spagna, Línea A • Autobuses: 61, 89, 100, 117, 119, 160, 490.*

■ Hassler Villa Medici
€€€€€
PIAZZA TRINITÀ DEI MONTI 6
TEL. 06 699340
www.hotelhasslerroma.com
La envidiable posición en lo alto de la Escalinata de Trinità dei Monti está acompañada de un diseño interior elegante y elaborado. Las amplias habitaciones bien amuebladas recuerdan los 100 años de historia del hotel. El restaurante panorámico Imàgo, en el sexto piso, tiene vistas espectaculares de la ciudad y ofrece una excelente cocina italiana. La terraza del séptimo piso es de uso exclusivo para los huéspedes del hotel.
🛏 *66 más 21 suites*
🅿 🔁 🅖 🎖
🏧 *Principales tarjetas*

■ Hotel d'Inghilterra
€€€€€
VIA BOCA DI LEONE 14
TEL. 06 699811
www.starhotelscollezione.com
Primero fue una pensión de huéspedes y después un hotel, en 1845, frecuentado por personas ilustres, entre otros, Oscar Wilde. Los muebles antiguos de las zonas comunes transmiten el ambiente de la época. La ubicación es excelente para ir de compras. El desayuno es aparte.
🛏 *84* 🅿 🔁 🅖 🏧

■ De Russie
€€€€€
VIA DEL BABUINO 9
TEL. 06 3288839
www.roccofortehotels.com
Entre la Escalinata de Trinità dei Monti y la Piazza del Popolo, este hotel es el colmo del lujo. Las habitaciones son espaciosas y están exquisitamente amuebladas. Los grandes jardines son magníficos y albergan el restaurante Le Jardin de Russie, que sirve cocina italiana y mediterránea, y un bar de cócteles, Stravinskij, con bebidas exóticas.
🛏 *121* 🅿 *(extra)* 🔁 🅖
🏧 *Principales tarjetas*

■ Art by the Spanish Steps
€€€€
VIA MARGUTTA 56
TEL. 06 328711
www.hotelart.it
El color del edificio es la característica de este hotel. Aquí se ubicó una vez un colegio y una capilla, ahora el salón, en el que se combinan elementos antiguos y de diseño, incluidas pinturas, muebles y obras de arte.
Las habitaciones son bastante grandes y elegantes.
🛏 *46* 🔁 🅖 🏧 *Principales tarjetas*

■ The Inn at the Spanish Steps
€€€€
VIA DEI CONDOTTI 85
TEL. 06 6992 5657
www.theinnatthespanishsteps. com
Esta residencia renovada en la famosa calle comercial romana destaca por su estilo y ambiente refinado, con una encantadora terraza para desayunos y aperitivos.
🛏 *70* 🔁 🅖 🏧

■ Locarno
€€€€
VIA DELLA PENNA 22
TEL. 06 361 0841
www.hotellocarno.com
Este elegante hotel *art nouveau* está muy cerca de la Piazza del Popolo. Tanto el vestíbulo como las habitaciones están decoradas con buen gusto, al igual que las acogedoras terrazas. El bar tiene un jardín secreto.
🛏 *48* 🅿 *(extra)* 🔁 🅖 🎖
🏧 *Principales tarjetas*

■ Forte
€€€
VIA MARGUTTA 61
TEL. 06 320 7625
www.hotelforte.com
Situado en una de las calles más encantadoras y tranquilas de Roma, este hotel ofrece habitaciones elegantemente decoradas en un edificio histórico del siglo XVII. Los sitios y centros comerciales más importantes de la ciudad están tan solo a unos minutos. Puedes informarte y reservar excursiones organizadas.
🛏 *20* 🅿 🔁 🔁
🏧 *Principales tarjetas*

■ Hotel del Corso
€€€
VIA DE CORSO 79
TEL. 06 3600 6233
www.hoteldelcorsoroma.com
En el corazón de las calles

comerciales, ubicado en un edificio histórico con hermoso mármol y recientemente renovado, entre la Plaza de España y la Piazza del Popolo, este hotel está en un buen lugar para visitar y dar paseos por el centro de la ciudad.

ⓘ 25 🔁 📶 💳 *Principales tarjetas*

■ Hotel Modigliani
€€€
VIA DELLA PURIFICAZIONE 42
TEL. 06 428 15226
www.hotelmodigliani.com
El amable personal de este hotel ofrece diversos servicios especiales, como un recorrido para los amantes de las compras entre *boutiques* exclusivas y especializadas. Las habitaciones son luminosas y confortables. El jardín interior, apartado y tranquilo, es perfecto para un momento de descanso al final del día (quizá tomando un aperitivo).

ⓘ 23 y 1 apartamento para 6 personas 🔁 📶 💳 *Principales tarjetas*

■ Parlamento
€€€
VIA DELLE CONVERTITE 5
TEL. 06 6992 1000
www.hotelparlamento.it
Pensión con un mobiliario bastante peculiar, piezas únicas y toques personales, con habitaciones no muy grandes respecto a la media, pero bien organizadas. En verano se puede disfrutar del desayuno y del aperitivo en la terraza. También se ofrece un servicio para reserva de visitas guiadas.

ⓘ 19 🔁 📶 💳 *Principales tarjetas*

DEL PANTEÓN A PIAZZA NAVONA

En el corazón de Roma se encuentran los edificios del Parlamento y el Senado, algunos de los monumentos más antiguos y un laberinto de calles y callejones. Algunos de los hoteles y restaurantes más populares están aquí.

🚌 *Autobuses: 30, 40, 46, 62, 64, 70, 81, 87, 492, 628, 916*

■ Hotel Bio Raphaël
€€€€
LARGO FEBO 2
TEL. 06 682831
www.raphaelhotel.com
Muy cerquita de la Piazza Navona, este hotel es conocido por su encanto y tranquilidad. La fachada, cubierta de enredaderas y flores que alcanzan su máximo esplendor en primavera, anticipa el alma verde del hotel, que desde hace años apuesta por la reducción de consumos y emisiones, y ofrece menús ecológicos en su restaurante, y en el desayuno. Los espacios comunes albergan una notable colección de obras de arte, que incluyen porcelana de Picasso y pinturas de Miró. El desayuno es aparte.

ⓘ 50 🚌 *Autobuses: C3, 30, 81, 87, 628* 🔁 📶 🚡 💳 *Principales tarjetas*

■ Residenza Farnese
€€€€
VIA DEL MASCHERONE 59
TEL. 06 6821 0980
www.residenzafarneseroma.it
Situado en un antiguo monasterio del siglo XIV cerca

de Campo de' Fiori, este tranquilo y confortable hotel ofrece hermosas habitaciones, algunas con techos decorados con frescos, y con vistas a los jardines del Palazzo Farnese o del Palazzo Spada.

ⓘ 33 🅿 *(solo con reserva)*
🚌 *Autobuses: 23, 116, 280* 🔁 📶 💳 *Principales tarjetas*

■ Santa Chiara
€€€€
VIA DI SANTA CHIARA 21
TEL. 06 687 2979
www.albergosantachiara.com
Justo detrás del Panteón, este hotel es conocido por su ambiente tranquilo y su servicio eficiente. Las luminosas habitaciones, aunque escasamente amuebladas, son funcionales y confortables y están distribuidas en tres edificios adyacentes que se comunican entre sí.

ⓘ 96 🔁 📶 💳 *Principales tarjetas*

■ Portico
€€€
VICOLO DEL LEONETTO 23
TEL. 02 9475 5492
www.numastays.com
Hotel de habitaciones pequeñas pero confortables, muy próximo al centro, lo convierten en un alojamiento muy atractivo para los jóvenes. La tranquila calle, ubicada cerca de la Piazza Navona, fue el hogar de obispos y cardenales.

🚌 *Autobuses: C3, 70, 81, 280, 492, 628* 🅿 🔁 📶 💳 *Principales tarjetas*

CONSEJOS DE VIAJE

■ Teatro Pace

€€

VIA DEL TEATRO PACE 33, 00186
TEL. 06 687 9075
www.hotelteatropace.com
Esta antigua residencia de
cardenales del siglo XVII ofrece
habitaciones elegantes, desde el
mobiliario hasta los techos con
vigas vistas, y totalmente
equipadas para todas las
comodidades. Excelente
ubicación a 20 m de la Piazza
Navona.

🛈 23 🚌 *Autobuses: 30, 40, 62,
64, 190, 916* 💳 🏧 *Principales
tarjetas*

VATICANO

La mayoría de los edificios
residenciales que rodean el
Vaticano datan del siglo XIX
y principios del XX. Aquí
encontrarás algunos hoteles
discretos pero de excelente
calidad. Con alguna excepción,
es mejor evitar la mayoría de
los restaurantes turísticos cerca
del Vaticano.

■ Farnese

€€€

VIA A. FARNESIE 30
TEL. 06 321 2553
www.hotelfarnese.com/it
Una opción interesante (y
cómoda) en la zona residencial
de Prati, cerca de San Pietro,
conectada al centro con el
metro. Ambiente tranquilo en
un contexto del siglo XVII y
confortables habitaciones.

🛈 23 🚌 *Metro: Lepanto, Línea A
• Autobuses: 30, 70, 87, 224, 280,
301, 990* 🅿 🔄 💳 🏧 *Principales
tarjetas*

■ Sant'Anna

€€€

BORGO PIO 133
TEL. 06 6880 1602
www.santannahotel.net
A la sombra de la Basílica de
San Pedro, este pequeño hotel
de tradición familiar, decorado
con buen gusto, ofrece
cómodas habitaciones y con un
servicio atento. En verano, el
desayuno se sirve en un
agradable jardín interior.

🛈 20 🚌 *Autobuses: 19, 23, 32,
49, 81, 590, 982* 🅿 *(extra)*
🔄 💳 🏧 *Principales tarjetas*

■ Hotel dei Mellini

€€

VIA MUZIO CLEMENTI 81
TEL. 06 324 771
www.hotelmellini.com
Dispone de amplias
habitaciones con baños de
mármol, además de una
hermosa terraza y un bar que lo
convierten en un hotel
agradable y confortable. Está
bien comunicado con
transporte público.

🛈 80 🅿 *(extra)* 🔄 💳 📺
🏧 *Principales tarjetas*

■ Hotel SanPietrino

€€

VIA GIOVANNI BETTOLO 43
TEL. 06 37 00 132
www.hotelsanpietrino.it
Hotel de gestión familiar situado
en el tercer piso de un edificio
con ascensor, cerca del metro,
ofrece habitaciones espartanas
ideales para familias que quieran
visitar la ciudad teniendo en
cuenta el bolsillo.

🛈 20 🚌 *Metro: Ottaviano, Línea A*
🅿 *(extra)* 🔄 💳 🏧 *Principales
tarjetas*

DEL TRASTEVERE AL JANÍCULO

Turistas y romanos acuden por
la noche a esta animada zona
«más allá del Tíber», donde
siempre ha habido bares y
restaurantes, aunque
últimamente también han
abierto muchos hoteles
atractivos para quienes vienen a
visitar la ciudad.

🚌 *Autobuses: H, 3, 44, 280, 710,
870 • Tranvías: 3, 8*

■ Donna Camilla Savelli

€€€

VIA GARIBALDI 27
TEL. 06 588 861
www.hotelsavelli.com
Después de una importante
restauración, este convento del
siglo XVII situado en el corazón del
Trastevere es hoy un hotel
refinado, con habitaciones
tranquilas y silenciosas. Hay un
restaurante, un bar, un salón y
una bonita terraza.

🛈 78 🅿 🔄 💳 🏧 *Principales
tarjetas*

■ Hotel Santa Maria

€€€

VICOLO DEL PIEDE 2
TEL. 06 589 4626
**www.htlsantamaria.com/
italiano**
Encantador hotel en la planta
baja de un tranquilo claustro
del siglo XVI, a pocos minutos
de la Piazza Santa María in
Trastevere. Dispone de otros
servicios, como reserva de
bicicletas para los huéspedes,
incluidos en el precio. Desayuno
incluido.

🛈 19 🅿 *(extra)* 💳 🏧 *Principales
tarjetas*

HOTELES

■ **Le Clarisse**
€€€
VIA CARDINALE MERRY
DEL VAL 20
TEL. 06 5833 4437
www.leclarissetrastevere.com
Una pequeña residencia,
antiguo convento de la orden
que da nombre al hotel, con un
patio donde hay un tranquilo y
apacible jardín en el centro. A
pocos minutos de la Isla
Tiberina y de la judería.
ⓘ 18 🔄 🆒 Principales tarjetas

■ **San Francesco**
€€€
VIA JACOPA DE SETTE SOLI 7
TEL. 06 5830 0051
www.hotelsanfrancesco.net
Con habitaciones agradables y
adecuadas para una estancia
romántica. Dispone de un salón
con vistas a un claustro del siglo
XV. Los muebles son
contemporáneos y de diseño.
ⓘ 24 🔄 🆒 Principales
tarjetas

■ **Villa della Fonte**
€€€
VIA DELLA FONTE D'OLIO 8
TEL. 06 580 3797
www.villafonte.com
Pequeño y acogedor hotel con
habitaciones cómodas y bien
equipadas y una bonita terraza.
El desayuno es aparte.
ⓘ 5 🆒 Principales tarjetas

■ **Domus Tiberina**
€€
VIA IN PISCINA 37
TEL. 06 581 3648
www.hoteldomustiberina.it
Este hotel, situado en un edificio
histórico en el corazón del
Trastevere, cerca de Santa Cecilia
y de la Isla Tiberina, ofrece

habitaciones confortables y
todas, diferentes entre sí.
ⓘ 11 🆒 Principales tarjetas

■ **Hotel Trastevere**
€€
VIA LUCIANO MANARA 24A
TEL. 06 581 4713
www.hoteltrastevere.net
Hotel sencillo pero bien
cuidado y confortable. Las
habitaciones son bastante
tranquilas, y tiene vistas a la
preciosa Piazza San Cosimato.
ⓘ 9 🆒 Principales tarjetas

DEL GHETTO AL TESTACCIO

Esta colina verde y arbolada a
las afueras siempre ha sido una
de las zonas residenciales más
solicitadas de Roma, con
hoteles tranquilos que están
cerca de algunos puntos clave
de la ciudad. También hay
muchos de los restaurantes.

■ **Forty Seven**
€€€€€
VIA LUIGI PETROSELLI 47
TEL. 06 678 7816
www.fortysevenhotel.com
Cada piso de este hotel está
dedicado a un tema: el primero
al diseño italiano, el segundo a la
moda, el tercero a los iconos de
los años 60, el cuarto a la
fotografía, el quinto cuenta con
habitaciones con terraza privada
y en el sexto se ubican el
restaurante y el bar.
Las habitaciones son grandes y
luminosas y muchas de ellas
dan directamente a los
monumentos. La terraza del
último piso tiene una vista
espléndida del Foro Boario.

Además, dispone de un cine
privado (capacidad para 25
personas).
ⓘ 61 🔄 🆒 📺 🆒

■ **Aventino Sant'Anselmo**
€€€€
PIAZZA DI SANT'ANSELMO 2
TEL. 06 570057
www.aventinohotels.com
Frente a la iglesia benedictina del
mismo nombre se encuentra
esta villa del siglo XVII en tonos
pastel que alberga un hotel
desde los años 60. Puedes
despertarte con el canto de los
pájaros y en unos minutos llegas
al Foro Romano. Las zonas
comunes y las habitaciones están
decoradas con estilo.
ⓘ 34 🚌 Autobuses: 23, 30, 75,
280, 716 🅿 (extra)
🔄 🆒 Principales tarjetas

■ **Kolbe Hotel**
€€€
VIA DI SAN TEODORO 48
TEL. 06 679 8866
www.kolbehotelrome.com
A 50 m del Circo Massimo, este
hotel está literalmente en
medio de algunas de las
maravillas más antiguas de
Roma. El palacio del siglo XVII ha
sido reformado respetando sus
características históricas al
máximo. Dispone de un jardín
interior y un restaurante.
Además alberga un pequeño
museo dedicado a la figura que
le da nombre, el padre Kolbe.
ⓘ 72 🔄 🆒 Principales
tarjetas

CONSEJOS DE VIAJE

ÍNDICE

ÍNDICE

ÍNDICE

ÍNDICE

Autores
Katie Parla

Con escritos adicionales de Annabel Howard, Antony Mason, Alice Peebles, Barbara Somogyiova, Joe Yogerst

Créditos fotográficos
a = arriba; b = abajo, s = izquierda; d = derecha, c = centro

2-3 Geoff Stringer/Lonely Planet Images; **4** Tony Halliday; **5ad** Stefano Amantini/Atlantide Phototravel/Corbis; **5bs** Tony Halliday; **5cd** Tuzemka/Shutterstock; **6** Archivo Scala, Florencia; **9** Tim E. White/Alamy; **12-13** Tony Halliday; **14cs** vvoe/Shutterstock; **14bs** JordiRamisa/iStockphoto; **15a** Tony Halliday; **15b** k.Shulte/www.photolibrary.com; **16** Tony Halliday; **18** Justin Black/Shutterstock; **19-20** Tony Halliday; **21a** Tony Halliday; **21cd** John Kellerman/Alamy; **21bd** Giorgio Cosulich/Getty Images; **22** Dennis Marsico/Corbis; **24** Vittorio Zunino Celotto/Getty Images; **25a** Frank Chang/Dreamstime.com; **25c** T.C. Bird; **25b** Oleg Znamenskiy/Shutterstock; **27** Christopher Groenhout/Lonely Planet Images; **28cs** Tony Halliday; **28bd** Michael Avory/Shutterstock; **29d** Mistervlad/Shutterstock; **29cd** Hermann Dobler/Imagebroker.net/www.photolibrary.com; **30** Guido Baviera/SIME/4Corners; **32** Martin Moos/Lonely Planet Images; **33ac** Tony Halliday; **33ad** Just ASC/Shutterstock; **33bd** Bob Wickley/Superstock; **35** Giorgio Cosulich/Getty Images; **36-37** Gavin Hellier/White/www.photolibrary.com; **40** Tony Halliday; **42** Juanma Aparicio/Age Fotostock/www.photolibrary.com; **43** Tony Halliday; **45** Pixtal Images/www.photolibrary.com; **47** Peter Erik

Forsberg/Age footstock/www.photolibrary.com; **49** Tony Halliday; **51** Tony Halliday; **52-53** Tony Halliday; **55** René Mattes/Hemis/www.photolibrary.com; **56-57** Tony Halliday; **58s** Tony Halliday; **58d** Gianni Dagli Orti/Archivo de Arte/Alamy; **59** Tony Halliday; **60** Paul Seheult/Eye Ubiquitous/Corbis; **61** Paolo Cordelli/Lonely Planet Images; **62** Tony Halliday; **65** Sam Bloomberg-Rissman/Alamy; **66** Tony Halliday; **68** Museo Arqueológico Nacional, Nápoles, Italia/Biblioteca de Arte Bridgeman; **69** Museo Arqueológico de Mérida, España/Colección Dagli Orti/Archivo de Arte; **71** Eric Vandeville/Gamma-Rapho/Getty Images; **72** Will Salter/Lonely Planet Images; **74** Tony Halliday; **75** Alessandro Di Meo, POOL/AP/PA Photos; **77** Tony Halliday; **79** Tony Halliday; **80** Tony Halliday; **82** Massimo Listri/Corbis; **83** Ullsteinbild/TopFoto; **85** Tony Halliday; **86** Tony Halliday; **88as** Tony Halliday; **88ad** Michael Zegers/Imagebroker.net/www.photolibrary.com; **89d** Tony Halliday; **89s** a123luha/Shutterstock; **91** Christinan Handl/Imagebroker.net/www.fotolibrary.com; **93** Paolo Cordelli/Lonely Planet Images; **94** Alberto Novelli; **96** Andrea Cabibbo/iStockphoto; **97** Tony Halliday; **99** San Rostro/Age footstock/www.photolibrary.com; **101** Dallas y John Heaton/www.photolibrary.com; **102** Fondo para edificios de culto - Ministerio del Interior/Archivo Scala, Florencia; **103s** Tony Halliday; **103d** Cortesía del Ministerio de Patrimonio Cultural/Archivo Scala, Florencia; **104** Tony Halliday; **106** Tony Halliday; **108** Archivos Alinari/Corbis; **110** Sun_Shine/Shutterstock; **111** AFP/Getty Images; **113** Godong/

Photononstop/www.photolibrary.com; **114** Tony Halliday; **116-117** Tony Halliday; **119** DEA/A.Dagli Orti/De Agostini Editore; **121** Hedda Gjerpen/iStockphoto; **122** Tony Halliday; **124** Dallas y John Heaton/www.photolibrary.com; **126** Walter Zerla/Age footstock/www.photolibrary.com; **127** Atlantide Phototravel/Corbis; **129** Tony Halliday; **130** fotógrafo de deep blue/Shutterstock; **132a** eclypse78/Shutterstock; **132c** Rostislav Glinksy/Shutterstock; **132b** Tupungato/Shutterstock; **133** Dinos/Shutterstock; **134** Tony Halliday; **137** Tony Halliday; **138** Felipe Rodríguez/Alamy; **141** Robert Lehmann/www.photolibrary.com; **142** Galería de los Uffizi, Florencia, Italia/Alinari/Biblioteca de Arte Bridgeman; **143** Tony Halliday, **145** javarman/Shutterstock; **146** Tony Halliday; **148a** Tony Halliday; **148b** Carole Anne Ferris/Alamy; **149a** Álvaro Leiva/Age footstock/www.photolibrary.com; **149b** maxphotography/iStockphoto; **151** Tony Halliday; **154** Tony Halliday; **156** Alejandro Prokopenko/Shutterstock; **157** Tony Halliday; **159** Musacchio e Ianniello; **160** Raimund Kutter/Imagebroker.net/www.photolibrary.com; **162** Alberto Pizzoli/AFP/Getty Images; **163s** Wayne Fogden/Ticket/www.photolibrary.com; **163d** Evgeny Mogilnikov/Shutterstock.com; **164** Tony Halliday; **167** Oficina de Prensa de Santa Cecilia-Riccardo Musacchio/AP/PA Fotos; **169** Elio Lombardo/www.photolibrary.com; **170** Tony Halliday; **173** Paul Raftery/View Pictures/www.fotolibrary.com; **174-175** Will Salter/Lonely Planet Images.

Fundada en 1888, la National Geographic Society ha financiado más de 14 000 proyectos de investigación, exploración y conservación en todo el mundo. La National Geographic Society está financiada por National Geographic Partners, LLC y, por lo tanto, en parte gracias a su apoyo. De hecho, parte de los ingresos derivados de la compra de este libro están destinados a apoyar la importante misión de la National Geographic Society.
Para saber más visita la web natgeo.com/info

Publicado por National Geographic Partners, LLC.

Traducción: Ormobook

© 2024 White Star s.r.l.
Piazzale Luigi Cadorna, 6 - 20123 Milano, Italia
www.whitestar.it

Licenciatario de National Geographic Partners, LLC.

ISBN 978-88-540-5510-0
1 2 3 4 5 28 27 26 25 24

Impreso en Serbia

CRÉDITOS